西武鉄道のひみつ

PHP研究所 編

Contents

創立100周年を迎えた西武鉄道 ・・・・・・・・・・・・・6

1章 西武鉄道の路線のひみつ ・・・・・・・・・8
西武鉄道の列車種別にはどんなものがある？・・・・・・・・10
2面3線の中線を活用したユニークなダイヤ編成 ・・・・・・12
複々線や相互乗り入れなどで輸送改善が続く池袋線 ・・・・14
日々進化する基幹路線・池袋線　多様化する運行パターン ・・・16
西武鉄道のよき伝統　相互乗り入れを行わない新宿線 ・・・18
拝島線や多摩湖線との連携を推進する新宿線 ・・・・・・・20
関東屈指の景勝路線　深山幽谷に分け入る西武秩父線 ・・・22
としまえん輸送に活躍　住宅地の中の盲腸線・豊島線 ・・・24
通勤需要が急増！　支線区から準幹線に成長した拝島線 ・・26
輝かしい歴史を誇る西武最古の路線・国分寺線 ・・・・・・28
村山貯水池のアクセス路線として開業　西武ドームの観客輸送を担う狭山線 ・・・30
戦前に観光路線として開業　現在は遊園地や球場輸送に活躍する多摩湖線 ・・・32
競艇輸送と霊園輸送に活躍　西武の飛び地路線の多摩川線 ・・・34
競輪輸送とニュータウン輸送の担い手　都県境を行くミニ路線・西武園線 ・・・36
軽便から新交通へ　数奇な運命をたどった山口線 ・・・・・38
休止中の安比奈線　将来復活の可能性も ・・・・・・・・・40
実現に至らなかった吉祥寺線と多摩ニュータウン線 ・・・・42
軽井沢を目指したという秩父線延伸構想の真偽は？ ・・・・44

2章 西武鉄道の駅のひみつ ・・・・・・・・・46
池袋駅──関東私鉄屈指のターミナル ・・・・・・・・・・48
豊島園駅──「としまえん」の最寄り駅 ・・・・・・・・・50
新桜台駅──地下鉄仕様のユニーク駅 ・・・・・・・・・・52
中村橋駅──創業時の古レールを展示 ・・・・・・・・・・54
富士見台駅──ホームから富士山が見える！ ・・・・・・・56
大泉学園駅──銀河鉄道の車掌さんが名誉駅長 ・・・・・・58

所沢駅──路線網の中心駅は池袋と新宿が逆方向？ ・・・・・・ 60
飯能駅──駅ビル併設のスイッチバック駅 ・・・・・・・・ 62
武蔵横手駅──ヤギの飼育を開始！ ・・・・・・・・・・ 64
芦ヶ久保駅──ハイキング客の拠点駅 ・・・・・・・・・ 66
西武秩父駅──土産物店が立ち並ぶ観光の拠点 ・・・・・・ 68
西武新宿駅──巨大な駅ビルにあるターミナル ・・・・・・ 70
高田馬場駅──橋上スペースの拡大で混雑緩和 ・・・・・・ 72
鷺ノ宮駅──折り返し列車も設定されていた急行停車駅 ・・ 74
上井草駅──ガンダムのモニュメントで話題に ・・・・・・ 76
上石神井駅──車両基地がある運行上の拠点駅 ・・・・・・ 78
航空公園駅──駅舎は飛行機がモチーフ ・・・・・・・・ 80
本川越駅──小江戸川越の表玄関 ・・・・・・・・・・ 82
国分寺駅──二層ホームの拠点駅 ・・・・・・・・・・ 84
西武鉄道の車両基地はどんなところにある？ ・・・・・・ 86
西武鉄道の発車メロディにはどんなものがある？ ・・・・ 88

3章 西武鉄道の車両のひみつ ・・・・・・・・・・・・ 90

西武鉄道現有車両一覧 ・・・・・・・・・・・・・・ 92
スマイルトレインの愛称を持つ人気車両新世代の通勤型車両30000系 ・・ 94
日立製作所のAトレインがベース　地下鉄乗り入れ車20000系 ・・ 96
観光・ビジネスに大活躍！　看板車両10000系 ・・・・・ 98
ステンレスとアルミの2タイプ　青塗装を初採用した6000系 ・・・・ 100
VVVF化されてイメージ一新　最後の鋼製車9000系 ・・・・ 102
多彩な編成で柔軟な運用を実現！　進化した通勤車新2000系 ・・・・ 104
西武で唯一のセミクロスシート車　旧ライオンズ色の帯が入る4000系 ・・ 106
他系列と併結を行わない独立独歩の3000系 ・・・・・・ 108
貫通扉でイメージ一新！　西武所沢工場出身の2000系 ・・・ 110
湘南スタイルをブラックフェイスに！　西武の伝統、新101系・301系 ・・ 112
新交通システム初のVVVF制御　レオライナーの愛称を持つ8500系 ・・・ 114
西武鉄道のおもいでの車両 ・・・・・・・・・・・・ 116
西武初の特急用車両5000系 ・・・・・・・・・・・・ 118
秩父線開業時に登場　抑速ブレーキを備えた101系 ・・・・ 120
戦後復旧車として登場　国電ベースの旧型車両311系 ・・・・ 122
西武スタイルを確立　初の2枚窓車351系 ・・・・・・・ 124

国電風の切妻の前面スタイルを採用　451系・401系	126
進化を重ねた通勤型車両　501系・551系・601系	128
高度経済成長時代を支えた　701系・801系	130
私鉄最大のマンモス電機　貨物牽引に活躍したE851形	132
セメント輸送で活躍した西武の電気機関車	134
バッテリー機関車・井笠・頸城……旧山口線の車両たち	136
全国の地方私鉄で活躍する西武鉄道の車両たち	138

4章　西武鉄道の施設のひみつ …… 140

西武鉄道の保安装置にはどんなものがある？	142
西武鉄道の運行管理システム「SEMTRAC」の特徴は？	144
電力設備を集中管理する西武鉄道の電力管理システム	146
西武鉄道の踏切にはどんなものがある？	148
西武鉄道はどんなバリアフリー対策に取り組んでいる？	150
西武鉄道のトンネルにはどんなものがある？	152
西武鉄道の橋梁にはどんなものがある？	154
西武鉄道が進める防音対策の数々	156
Twitterで情報発信！　先進的な運行情報開示システム	158

5章　西武鉄道トリビア …… 160

復刻塗装が大人気　現代に復活したレッドアロー塗装！	162
所沢に西武鉄道直営の車両製造所があったって本当？	164
ファンサービスとして実施される車両基地の一般公開イベント	166
ロケに駅施設を開放！　「ロケーションサービス」の試み	168
恋愛をモチーフに沿線の魅力を発信「♥恋まち」ってどんな企画？	170
沿線住民への利益還元企画「こども応援プロジェクト」	172
新宿駅の東口に用意された新宿線の乗り入れスペース	174
二つのルートが使える定期券「Oneだぶる♪」と「だぶるーと」	176
秩父観光に大活躍　「秩父フリーきっぷ」と「秩父漫遊きっぷ」	178
川越観光必携！「小江戸川越特急バス」と「小江戸川越フリークーポン」	180
西武鉄道のヘッドマークにはどんな種類のものがあった？	182
西武鉄道のスタンプラリーにはどんな特徴がある？	184
西武鉄道のオリジナルグッズにはどんな種類のものがある？	186

西武鉄道が経営する宿泊施設にはどんなものがある？	188
西武グループのプリンスホテルの魅力	190
西武グループのシンボル　西武ライオンズの歩み	192
屋外球場からドーム球場に　西武ドームの楽しみ方	194
首都圏のアイスホッケーファンの聖地　東伏見アイスアリーナ	196
高田馬場駅と東大和市駅に隣接するビッグボックスってどんな施設？	198
鉄道を補完する西武バスの広範な路線網	200
ファミリーマートと共同展開する新しい駅売店「TOMONY」とは？	202
西武鉄道の駅ナカ施設にはどんなショップがある？	204
ライオンズカラーの車両が活躍する伊豆箱根鉄道ってどんな鉄道？	206
阪神電鉄に学んだ西武の球場輸送	208

6章　西武鉄道の歴史　210

西武鉄道の歴史Ⅰ　鉄道空白地帯に開業した私鉄たち	212
西武鉄道の歴史Ⅱ　都心連絡を機に競争が激化	214
西武鉄道の歴史Ⅲ　堤康次郎の経営参画と合併の推進	216
西武鉄道の歴史Ⅳ　新生・西武鉄道の誕生	218

Index	220
参考資料	223

※本書の内容は2012年12月時点の情報に基づいています。

西武鉄道の魅力と楽しみ方をたっぷりご紹介します！

創立100周年を迎えた西武鉄道

　西武鉄道は1912（明治45）年5月7日、現在の池袋線池袋〜飯能間を運営する鉄道会社・武蔵野鉄道として設立されました。2012（平成24）年には創立100周年を迎え、2013（平成25）年から新たな世紀に突入することになります。

　西武鉄道の歴史は、決して平たんなものとはいえませんでした。戦前は並行する鉄道会社との激しい競争で経営が悪化し、一時は電気料金の滞納で電力会社から送電を制限されたことすらあります。しかし、西武グループの創業者として知られる堤康次郎によって会社は再建され、その後はライバルの鉄道会社を吸収合併するまでに成長しました。

　戦後は荒廃した施設の近代化と沿線の観光開発に力を入れ、1969（昭和44）年には秩父地方を結ぶ新線が開業しました。鉄道路線の旅客営業キロは日本の大手私鉄で第4位の176.6km（休止線を除く）を誇り、特急レッドアローから急行、快速、準急、各駅停車まで、多彩な種別の列車

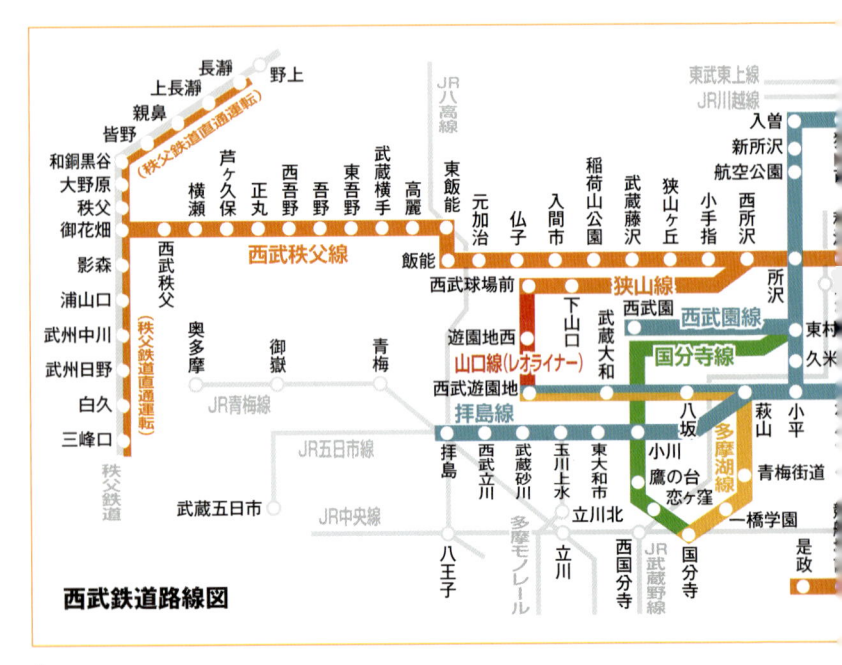

西武鉄道路線図

が年間約6億人の旅客を乗せて、広大な武蔵野の地を駆け抜けています。都心部の高層ビル群から郊外の住宅地、そして秩父の険しい山並みと、その車窓も多種多彩です。

近年は秩父鉄道や東京メトロなど他社路線への直通運転も活発になり、2013（平成25）年からは東京メトロ副都心線を介して東急線に乗り入れます。この間、西武鉄道を含む西武グループは経営体制が刷新され、「つぎの100年」に向けて新たなスタートを切っています。

戦前の苦難と戦後の発展を経て100周年を迎えた西武鉄道ですが、そこにはユニークな列車やダイヤがあり、謎や秘密が隠されています。西武新宿駅がJR新宿駅から離れている理由、優等列車の停車駅が少しずつずれている「千鳥式運転」、廃線のようでいて実は運休しているだけの路線、ヤギを飼っている駅、そして埼玉西武ライオンズやプリンスホテルをはじめとした、華やかな関連事業。それらを一つ一つ見ながら、西武鉄道100年の歴史を振り返ってみることにしましょう。

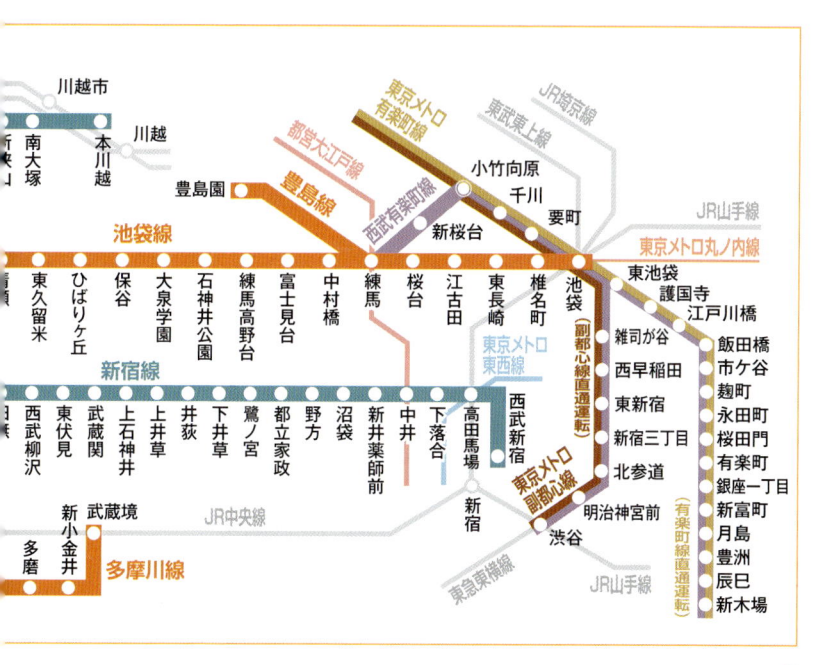

1章

西武鉄道の
路線のひみつ

西武鉄道は、池袋線と新宿線の二大幹線のほか、東京の北西部から埼玉県南西部にかけて多くの支線区を有し、旅客営業キロは176.6kmにも及びます。近年、複々線化、地下鉄乗り入れの拡大など輸送改善が大幅に進み、その利便性は大きく向上しています。また、優等列車の停車パターンのランダム化や、列車種別の集約・分散なども随時行われています。

西武鉄道の列車種別にはどんなものがある?

私鉄の通勤列車の種別にも、会社ごとの個性があります。もちろん西武鉄道もいろいろな種別を設定していますが、池袋線と新宿線で体系が異なることが、特にユニークです。

柔軟に設定された池袋線

　池袋線には、実に8つの種別があります。料金を徴収する特急を筆頭に、快速急行、急行、通勤急行、快速、通勤準急、準急、各駅停車がラインナップ。基本的に、ここに書いた順に速いのですが、停車駅の設定がとてもユニークです。例えば、石神井公園は特急と通勤準急が通過しますが、それ以外の種別は快速急行を含め停車します。また、大泉学園と保谷は快速が通過するのに対し、その上の通勤急行は停車。そして、ひばりヶ丘は特急と通勤急行だけが通過です。

　このように種別による停車駅は必ずしもピラミッド構成とはなっておらず、実情に即して柔軟に設定されています。これにより、特定の種別に混雑が集中するのを防いでいるのです。また、西武有楽町線、豊島線、都営大江戸線との乗り換え駅である練馬は、快速急行、急行、通勤急行を通過としていますが、これも混雑集中回避を目的とした施策です。

準急(手前)は急行を補完する

国分寺線は各駅停車のみが運行する

快速急行は池袋線・西武秩父線のみに存在する種別

新宿線の行き先表示機

多彩な種別設定で需要に応え
停車パターンの多様化も推進

準急列車は都心近くの駅のみを通過。池袋線は石神井公園以西、新宿線は上石神井以西では各駅に停車する 写真提供：大野雅人

シンプルな体系の新宿線

　一方の新宿線は特急、通勤急行、急行、準急、そして各駅停車、計5つの種別があります。こちらは池袋線のように種別の「上下が逆転」した停車駅の設定はありません。しかし、急行と通勤急行の順位が池袋線と逆なのが、面白いところです。

　ちなみに、以前は新宿線に快速急行と**拝島快速**の2つの種別もあったのですが、2012（平成24）年6月のダイヤ改正で廃止され、シンプルなラインナップになっています。

　どちらの路線も、初めて利用する時はどの種別の列車に乗るか迷わないよう、事前に路線図などで、目的地の駅に停車する種別を確認しておくといいですね。

　一方、西武多摩川線や山口線などの独立した路線は各駅停車のみとなっています。

> **マメ蔵** **拝島快速**……2008（平成20）年6月のダイヤ改正で、西武新宿〜拝島間に「拝島快速」という新しい列車種別が新設されました。快速と名乗りながら急行より停車駅が少ないというユニークなものでしたが、2012（平成24）年6月のダイヤ改正で廃止されました。

2面3線の中線を活用した ユニークなダイヤ編成

効率的な輸送とサービス向上のため、異なる種別の列車同士による追い越しの設定は重要です。西武においては上下線で通過線を共有する、珍しい駅構内配線が見られます。

線路設置のニーズと用地確保

　複数の列車種別を設定し、列車同士の追い越しを行うには、そのための線路を駅に設ける必要があります。通常、複線の路線の場合は上下線それぞれを2線、合計4線とするのですが、それには広い用地が必要です。
　郊外なら問題ないのですが、都市部ではそう簡単に用地を確保できません。列車の長編成化に対応した駅設備の延伸も、厳しくなります。しかし、列車の運転間隔が短くなる都市部ほど、追い越しを含めたきめ細かなダイヤ設定が望まれます。

最小限の線路による「追い越し」設定

　多くの列車種別を設定し、比較的距離の長い路線を持つ西武は、そんな悩みにユニークな方法で対応しています。それは、駅の線路配置を3線にするというものです。3線のうち両側が上り線と下り線でそれぞれ外側に

中井駅には通過用の中線がある

中線を活用した列車待避で限られた敷地を有効活用

上石神井駅の中線は上下ホームに面しており、主に同駅の始発列車が発着する

中線の概念図

上りホーム

中線

下りホーム

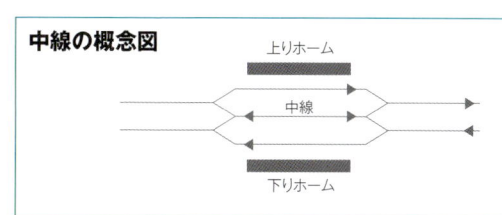

西武鉄道の中線は上下両方向から入線可能な通過用線路として設置されているのが特徴。限られた用地を最大限に利用して混雑緩和に一役買っている

ホームがあり、そこに列車が停車します。つまり、2面3線の配線で、**中線**（中央の線路）にはホームがなく、そこに上下両方の通過列車を通すのです。

上りと下りで通過待ち合わせをするタイミングをずらす必要がありますが、最小限の用地で追い越しができるので、ダイヤ設定のうえで大きなメリットを発揮します。この線路配置を採用しているのは、池袋線の仏子、新宿線の中井、井荻の各駅です。

そのうち、定期ダイヤで上下両線の追い越しを行っているのは中井駅です。仏子駅の中線は現在回送列車などが使うだけで、井荻駅では上り列車のみ追い越しを行っています。しかし、今後のダイヤ改正で、この2つの駅でも上下両方向の追い越しが行われるようになるかもしれません。

国鉄（現・JR）では2面3線で中央の線路に待避列車を入線させるケースはよく見られますが、中井駅のように、中線を通過線とするケースはほとんどありません。

> **マメ蔵**
> **中線**……上下の線路の間に、両方と接続する中線を置いた線路配置は、JR（元国鉄）の多くの駅で見られます。中線は優等列車の通過や、逆に貨物列車が旅客列車を待避する際など、さまざまな場面で活用されています。

1章 西武鉄道の路線のひみつ

複々線や相互乗り入れなどで輸送改善が続く池袋線

西武鉄道の二大幹線の一つである池袋線は、終日多くの乗客で賑わっています。東京メトロとの乗り入れや高架複々線化などの輸送改善も着々と行われています。

武蔵野鉄道が母体の基幹路線

　西武鉄道は東京都心部に池袋駅と西武新宿駅の2つのターミナルを持ちますが、そのうち池袋駅を起点として吾野駅（埼玉県飯能市）に至る全長57.8kmの路線が池袋線です。西武有楽町線、豊島線、狭山線などの支線に直通する列車も多く、これらの路線を総称して池袋線系統と呼ばれることもあります。また、吾野駅で接続する西武秩父線とは一体的な運転がなされており、特急レッドアローを含むほとんどの列車が直通します。

　1998（平成10）年に、**練馬駅**から分岐する西武有楽町線を介して営団地下鉄（現・東京メトロ）有楽町線に乗り入れるルートが開設されたこともあり、現在の輸送人員は新宿線より少なくなりました。それでも、池袋線は現在の西武鉄道の直系の前身会社である武蔵野鉄道を母体としていることから、現在も同社のメイン路線として位置づけられています。

石神井公園駅に進入する6000系。練馬〜石神井公園間は高架・複々線区間でダイナミックな車窓風景が堪能できる

都心部から緑豊かな田園地帯へ
複々線化の推進で輸送改善を果たす

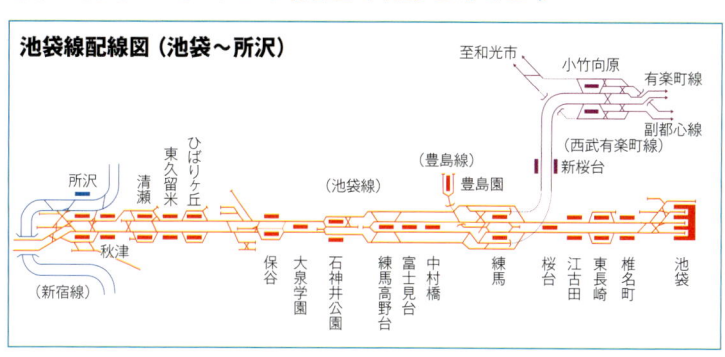

池袋線配線図（池袋～所沢）

列車の多くは8両編成で運転されますが、東京メトロ有楽町線・副都心線への乗り入れ列車は10両編成です。車両は自社の車両に加えて、東京メトロの車両も乗り入れてきます。さらに、2013（平成25）年3月には東京メトロ副都心線と東急東横線の相互乗り入れが開始されるため、池袋線にも東急の車両が乗り入れるようになります。

進む輸送改善で混雑率が低下

起点駅である池袋駅はJR駅の東側に位置する4面4線の大規模ターミナルです。路線の大部分は地上区間ですが、桜台～石神井公園間は近年高架区間となりました。そのうち、練馬～練馬高野台間は複々線区間で、優等列車と各駅停車が並走するシーンを見ることもできます。石神井公園を過ぎると、沿線には閑静な住宅街が広がります。雑木林や畑なども点在しており、豊かな田園都市の風情です。

所沢駅で新宿線と接続します。池袋線と新宿線は完全に別系統となっていますが、新宿方面から池袋線の所沢以西に乗り入れる臨時列車は不定期に設定されています。一方、池袋線の所沢以東と新宿線を直通する列車は設定されていません。

所沢駅を過ぎると、昭和時代後期から開発が始まった住宅街の中を走りますが、飯能駅を越えると山岳区間となり、カーブが連続する区間となります。小手指駅近くには西武最大の小手指車両基地が、東飯能駅近くには武蔵丘車両基地があり、池袋線系統の車両の検査・留置が行われます。

> **マメ蔵　練馬駅**……島式ホーム2面4線の外側に通過線があり6線構造です。池袋線と直通運転する豊島線は飯能方から入線。東京メトロと乗り入れる西武有楽町線は池袋方から入線。地下に都営地下鉄大江戸線の同名駅もあります。

1章　西武鉄道の路線のひみつ

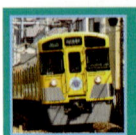

日々進化する基幹路線・池袋線 多様化する運行パターン

進化を続ける基幹路線・池袋線には有料特急の他、6種類の優等列車が運転されており、効率の良い列車運行がなされています。デイタイムでは毎時7本に加え、各停8本が運転されています。

輸送量の増加とともに複雑化する運行パターン

　池袋線は1915（大正4）年、現在の西武鉄道の前身・武蔵野鉄道の武蔵野線として開業しました。当初の営業区間は池袋～飯能間（44.2km）でしたが、1929（昭和4）年には飯能～吾野間（14.1km）が延伸され、現在の路線が形作られました。

　また、当初は非電化鉄道でしたが、1922（大正11）年に池袋～所沢間が、1925（大正14）年には所沢～飯能間の電化が完了。蒸気機関車が牽引する客車列車から電車による運転となっています。なお、飯能～吾野間は最初から電化区間として開業しています。

　戦後、現在の西武鉄道が発足、西武鉄道武蔵野線となりますが、1952（昭和27）年に池袋線と名称が変わりました。高度経済成長期に入ると、首都圏の他の鉄道路線と同様、利用者が大幅に増加します。西武鉄道は他社に先駆け10両編成の急行電車の運転などの輸送改善を進めていきました。

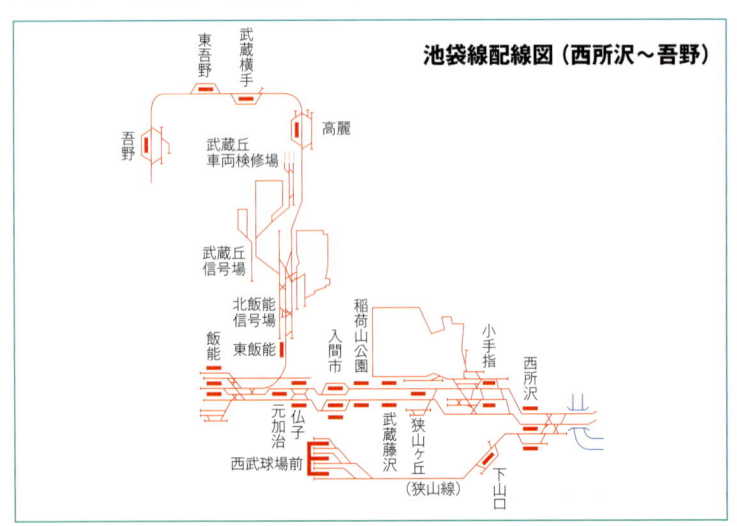

池袋線配線図（西所沢～吾野）

スイッチバック構造の飯能駅に停車する6000系（右）と4000系（左）。特急も全列車が停車する運行上の拠点駅である

1章 西武鉄道の路線のひみつ

多彩な列車種別
2013年3月には
横浜方面とも直結

池袋駅の発着本数（データイム）

種別	行き先	本数（1時間あたり）
特急	西武秩父	1
快速急行	飯能	1
急行	飯能	2
準急	飯能	2
準急	所沢	1
各駅停車	豊島園	4
各駅停車	保谷	3
各駅停車	西武球場前	1

パターン化され洗練された列車ダイヤ

　池袋線の最速列車は有料特急のレッドアローです。停車駅は所沢、入間市、飯能、横瀬（西武秩父線）で、特急「ちちぶ」が池袋～西武秩父間、「むさし」が池袋～飯能間で運転されています。「快速急行」は平日が池袋～飯能間で、土・休日は池袋～西武秩父間と秩父鉄道乗り入れ列車が運転されています。こちらの停車駅は**石神井公園**、ひばりヶ丘、所沢、小手指、入間市、飯能で、飯能から先は各駅停車となります。

　池袋線の運行の主力となっている「急行」は原則として池袋～飯能間で運転されており、停車駅は石神井公園、ひばりヶ丘、所沢でこの先が各停となります。「快速」は練馬、石神井公園、ひばりヶ丘で、ここから先が各停。「準急」は練馬、石神井公園で、ここから各停です。また平日のラッシュ時には上りの「通勤急行」と「通勤準急」が運転されており、前者は飯能～所沢間が各停で、東久留米、保谷、大泉学園、石神井公園に停車。後者は小手指～大泉学園間が各停で、次は練馬、池袋となり、通勤急行はひばりヶ丘に停車せず、通勤準急は石神井公園に停車しません。つまり列車種別で乗降客の分散が図られており、ラッシュ時の混雑緩和に一役かっています。

> **マメ蔵**　**石神井公園駅**……特急と通勤準急以外の全列車が停車する2面4線の駅で、1915（大正4）年に石神井駅として開業。2012（平成24）年6月までに連続立体交差化に伴う高架ホームへの切換工事が完了しました。

西武鉄道のよき伝統 相互乗り入れを行わない新宿線

新宿線は西武新宿駅と本川越駅とを結ぶ47.5kmの路線です。大部分は地上区間で、地下鉄との相互乗り入れも行われないため、同じ西武鉄道の基幹路線である池袋線とはだいぶ趣が異なります。

西側区間が先行して開業

　新宿線の起点駅である西武新宿駅は、JRや京王、小田急の新宿駅とは離れた歌舞伎町の西側にあり、JRからの乗換客は多くの場合、ホームが山手線と並行する次の高田馬場駅を利用しています。これは西武新宿駅がJRの新宿駅と離れた位置にあり、乗り換えに時間がかかるためです。

　さて、新宿線は池袋線のように地下鉄との乗り入れはなく、また複々線化による高架化も行われていないために、昭和時代の西武鉄道のイメージを随所に残す路線となっています。新宿線の都心側は旧西武鉄道が**村山線**として1927（昭和2）年に高田馬場～東村山間を開業しました。西武鉄道のルーツは1892（明治25）年に設立された川越鉄道で、この鉄道の路線として1894（明治27）年に国分寺～久米川間が、その翌年に久米川～本川越間（当時は川越）が開業しています。そのうち、東村山～本川越間が現在新宿線に組み入れられています。

　1927（昭和2）年に東村山～川越間が電化され、高田馬場～川越間の直通運転が始まります。1952（昭和27）年に高田馬場～西武新宿間が開通し、川越線と呼ばれていた東村山～本川越間も編入して新宿線と改称されました。

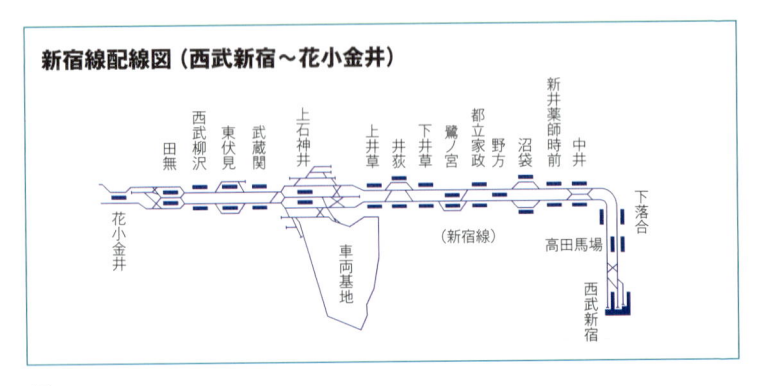

新宿線配線図（西武新宿～花小金井）

西武鉄道第二の基幹路線
拝島線や多摩湖線への直通運転も実施

東村山駅を出発する新2000系

高田馬場の急カーブは新宿線名物

　西武新宿～高田馬場間の約2kmはJR山手線（埼京線・湘南新宿ライン）との併走区間となっています。高田馬場駅の北ですぐにJR線の下をくぐりますが、この区間は半径わずか158mという急カーブで、勾配は30.3‰もあります。そのため、この区間を走る列車は30km/hの速度制限を受けます。

　上石神井駅到着前の左手（南）側には152両が収容できる上石神井車両基地があります。小平駅は拝島線との分岐駅、そして東村山駅で西武園線と国分寺線に接続します。所沢では池袋線と接続、3面5線の同駅では同一ホームの2・3番線で、2番線に入る新宿線の新宿方面と3番線に入る池袋線の池袋、新木場、渋谷方面行きが容易に乗り換え可能です。新所沢を出て入曽の手前で左手（南西）側に250両を収容可能な南入曽車両基地があります。本川越から手前0.9kmは同線で唯一の単線区間となっています。

> **マメ蔵　村山線**……西武新宿線の都心側は旧・西武鉄道の村山線として開業しました。起点となったのは高田馬場駅で1927（昭和2）年のことです。新宿への乗り入れまで25年の月日がかかりました。

1章　西武鉄道の路線のひみつ

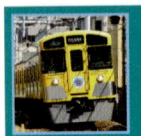

拝島線や多摩湖線との連携を推進する新宿線

新宿線は西武鉄道で最初に4扉車が投入された路線です。通勤・通学路線として東京西部と埼玉県から都心部へと多くの旅客を輸送しています。近年は拝島線への連絡が強化されています。

池袋線と同様、運行の主力は急行

　新宿線も池袋線と同様、支線区への直通列車を運転しています。特に小平駅で接続する拝島線との間には多くの直通列車が運転されています。かつては、新宿線から拝島線への直通運転は限定的なものでしたが、現在はデイタイムの急行列車の約4割は拝島線直通の拝島行きとなっています。また、朝夕には多摩湖線への直通運転も実施しています。

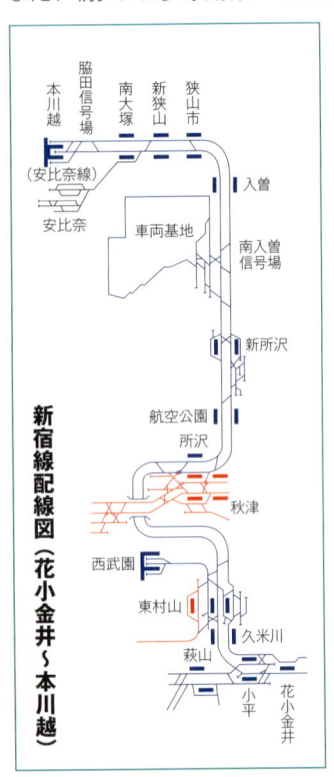

　新宿線の最優等列車は有料特急のレッドアロー「小江戸」です。途中停車駅は高田馬場、所沢、狭山市の3駅のみで速達性を重視しています。観光客のみならず通勤の需要にも対応しています。最も利用率が高いのは急行で、本川越行きと拝島行きの2系統があります。停車駅は鷺ノ宮、上石神井で、**田無駅**から先は各停となります。

　拝島線の玉川上水発の急行西武新宿行きも平日の18時・20時台と土曜・休日の16時台に各1本運転されます。さらに西武遊園地発急行西武新宿行きも平日6～8時台に計7本、土曜・休日が16時台に2本運転されています。また、上り本川越7時台発で2本の通勤急行があり、停車駅が本川越の次は狭山市、新所沢、所沢、東村山、田無以降は急行と同じとなっています。準急は西武新宿から上石神井まで急行と同じで、以後が各停となっています。

新宿線配線図（花小金井～本川越）

日中はシンプルなパターンダイヤを導入
準急は朝夕のみの運転

終着の本川越駅

西武新宿駅の発着本数（データイム）

種別	行き先	本数（1時間あたり）
特急	本川越	1
急行	本川越	3
急行	拝島	3
各駅停車	本川越	2
各駅停車	新所沢	1
各駅停車	田無	3

日中と早朝で大きく変わる運転パターン

　データイムの運行パターンは表の通りですが、朝はパターンが変わります。5時台は急行の運転はなく、準急本川越行きが1本運転されます。6時台に急行本川越行きが4本、7時台は急行が6本（本川越行きが3本、拝島行きが2本、新所沢行きが1本）、その後、7～8時台にピークを迎えます。

　夕方のラッシュ時にも急行列車が増発されますが、22時台になると急行列車の運転本数は減少していきます。この時間帯の急行列車は本川越行きが3本、新所沢行きが4本の計7本。23時台は本川越行きが2本と新所沢行きが1本の計3本です。最終の急行が出発したあとは、特急・準急のみとなります。23時台の準急は本川越行きが3本、0時台は新所沢行きが3本となります。日中の急行は平日・土曜・休日とも本川越行きが毎時3本、拝島行きが毎時3本で、土曜・休日は9・10時台に西武遊園地行きがあります。

> **マメ蔵　田無駅**……西東京市の南の玄関駅です。2面3線で中線（2・3番線）を使って上下線の待避を行う同駅は1927（昭和2）年に開業。1962（昭和37）年に橋上駅舎化、1999（平成11）年に改築が完了しました。

1章　西武鉄道の路線のひみつ

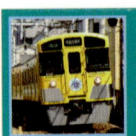

関東屈指の景勝路線
深山幽谷に分け入る西武秩父線

西武秩父線は1969（昭和44）年に開業した西武鉄道で唯一の山岳路線です。沿線の大半が森林地帯ですが、関東の奥座敷である秩父地方の観光輸送の担い手であるとともに、通勤・通学の需要も高い路線です。

西武初の山岳路線として開業

　関東地方の奥座敷として古くから人気の観光地だった秩父に西武鉄道が乗り入れたのは1969（昭和44）年。吾野駅から池袋線が延伸された形ですが、吾野～西武秩父間は西武秩父線という独立した名称が与えられました。既に開業していた秩父鉄道と区別するために会社名の西武を路線名に冠しました。全長19.0kmで、線内にトンネルが16箇所もあり、そのうち正丸トンネル（153ページ参照）は4.8kmという長大なもので、開業時は日本の私鉄で最も長い鉄道用トンネルでした。

　吾野～西武秩父間の途中駅は西吾野、正丸、芦ヶ久保、横瀬の4駅で、芦ヶ久保～横瀬間にあった東横瀬駅は1996（平成8）年に廃止されました。また横瀬には車両基地があります。平日の飯能～西武秩父間運転の各停は2扉でトイレ付きの4000系が主体で、日中はほぼ各停2本、そして池袋からの特急1本が運転されています。土曜・休日には池袋～西武秩父間の快速急行も設定されています。

　開業当時の西武秩父線は、秩父の観光の他に秩父と横瀬の間にある武甲山で採れた石灰石からできたセメントを輸送するという使命もありました。1,000tクラスの貨物列車も運転され、私鉄最大のマンモス電機と呼ばれたE851形電気機関車（132ページ参照）が投入されるなど、貨物色の強い路線でした。

秩父線配線図（東吾野～西武秩父）

急勾配区間が続く山岳路線
秩父鉄道との連携で
地域輸送にも活躍

1章 西武鉄道の路線のひみつ

吾野駅に立つ秩父線の0キロポスト

西武秩父駅(左)と秩父鉄道本線(右端)。中央部は西武秩父線と秩父鉄道本線の間を結ぶ渡り線で、秩父線と長瀞方面の間の列車はこの渡り線を経由し、西武秩父駅は通過する。車両は4000系
写真提供:大野雅人

利便性向上を目的に実施した秩父鉄道との直通運転

　池袋線の終着駅吾野と、西武秩父を結ぶ西武秩父線。線内の各停も飯能〜西武秩父間で運転されていますが、一部の列車が羽生市の羽生駅と秩父市にある三峰口を結ぶ秩父鉄道秩父本線に乗り入れ、直通運転を行っています。直通運転は西側では終点の三峰口、北側の羽生方向では長瀞までが乗り入れ区間です。

　土曜・休日朝に運転される2本の池袋〜西武秩父間の快速急行以外に、池袋発で秩父鉄道に乗り入れる快速急行が2本設定されています。この電車は長瀞・三峰口行きの2本併結で池袋を出発し、横瀬駅で離合します。前者は切り換え線を利用して西武秩父駅の横を通過し、近くの秩父鉄道御花畑駅に入線して長瀞へ向かい、後者は西武秩父駅に到着後向きを変え、渡り線で秩父鉄道に入線して三峰口に向かうといった方法がとられています。また夕方にこの折り返しがあります。さらに平日の早朝6時台に2本ずつ長瀞発と三峰口発の飯能行きが通勤・通学客の利便を考慮して運転されており、夕方にはこの折り返しもあります。

> **マメ蔵** **山岳路線**……勾配がきつい区間があり、カーブも多く山がちな路線の事。連続する急峻な勾配を走行するために車両や線路等に特殊な設備を必要とする登山鉄道とは、似ていますが分けられています。

としまえん輸送に活躍
住宅地の中の盲腸線・豊島線

豊島線は1927(昭和2)年に開業した路線です。練馬駅から一駅のみの区間ですが、池袋から直行の各駅停車が多く乗り入れています。高架化工事期間中以外、直通列車は継続的に運行されてきました。

豊島園駅に停車する新2000系。豊島園が「としまえん」となっても駅名はそのまま変わっていない

保養地「豊島園」のアクセス路線として開業

　豊島線は池袋線練馬駅と豊島園駅を結ぶ全長わずか1.0kmのミニ路線です。鉄道趣味の世界では、路線長が短く他路線との接続もない路線を、盲腸線と呼称します。東京23区内の盲腸線は東武大師線と西武豊島線の2路線のみです。路線名称は豊島線ですが、豊島区は走行せずに、全区間が練馬区内となります。

　武蔵野鉄道豊島線として1927(昭和2)年に開業。当初から豊島園(現・としまえん)のアクセス路線でした。

　当時の豊島園は日本庭園で、東京郊外の保養地として大いに賑わっていました。その後、経営元が何度か変わりますが、1951(昭和26)年に西

1.0kmの単線区間
現在も西武系の遊園地
「としまえん」の輸送を担う豊島線

高架駅の練馬から分岐し地上へと降りる豊島線(写真中央)

武鉄道の管理下となります。その後「としまえん」と改称し、首都圏有数の遊園地として成長していき、豊島線は一貫して同園のアクセス線としての機能を果たしていったのです。

かつては準急列車が発着

　起点の練馬駅は2003(平成15)年に高架駅となりました。豊島線の列車は原則として池袋始発着であり、練馬駅を始発・終着とする列車は上下各1本のみです。下り列車は2番線、上りは3番線で発着します。

　練馬を出ると列車はすぐに単線区間に入ります。線路は高架区間を維持する池袋線を横目に高度を下げ地上区間に入ります。すぐに、右側(北方向)へと大きくカーブして、1面2線で終端式の豊島園駅に到着します。

　池袋発の豊島園行き直通列車は平日が7時台の8本、8・16時台の5本と5時台の3本を除いて6時台と9〜23時台が4本。土曜・休日は5時台が2本、6・7時台が5本、23時台が3本で、8〜22時台には4本が運行されています。

　かつては、朝時間帯に池袋発の準急が設定されていたこともあります。また、練馬駅の高架工事が実施されていた時期には池袋線直通運転は中止され、線内は折り返し運転となっていました。

> **マメ蔵　豊島園行き直通列車**……池袋から6つ目と近い豊島園駅ですが、終日列車が運行されており、日中は各停が毎時4本走っています。線内折り返しは練馬発が始発列車、豊島園発練馬行きは終電の各1本です。

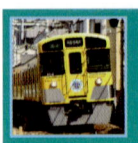

通勤需要が急増! 支線区から準幹線に成長した拝島線

西武鉄道の準本線といえる拝島線は萩山駅で多摩湖線、小川駅で国分寺線と平面交差しながら運転されています。これはいくつかの路線が接続されて完成した同線の歴史に由来します。

沿線人口の増加により新宿線と一体化

　拝島線は新宿線の小平駅と拝島駅を結ぶ、全長14.3kmの路線です。西武鉄道の支線区は全線単線の路線がほとんどですが、拝島線は玉川上水～武蔵砂川間と、西武立川～拝島間の2つの単線区間以外は複線となっています。全通は1968（昭和43）年と、西武鉄道の他線区と比べると比較的歴史の浅い路線です。現在の運行は西武新宿～拝島間を直通する急行・準急・各停、西武新宿～玉川上水間の準急・各停、田無・小平～玉川上水・拝島間の各停など、系統数は多彩です。

　新宿線と接続する小平駅では拝島方面の1番線を出て左（西）にカーブして、多摩湖線との乗り換え駅萩山の2番線に到着。小平方面は3番線で、1・3番線を使用する多摩湖線と平面交差して西に向かいます。萩山を出て直線部にかかるあたりでブリヂストン東京工場の敷地内を通過します。

　次に国分寺線との乗り換え駅である**小川駅**に北側から進入。同駅は1・4番線を使用しており、2・3番線が国分寺線です。構内で同線と交差して再度西に走ります。東大和市駅（旧・青梅橋駅）を通って、玉川上水車両基地を右に見ながら玉川上水駅で多摩都市モノレールと立体交差、次の武蔵砂川までは単線です。そして西武立川までは複線、再度単線となって、左右（南西・西）にカーブして、JR八高線、五日市線、青梅線と接続する拝島駅に入線。駅構内手前で横田基地への貨物線と平面交差します。

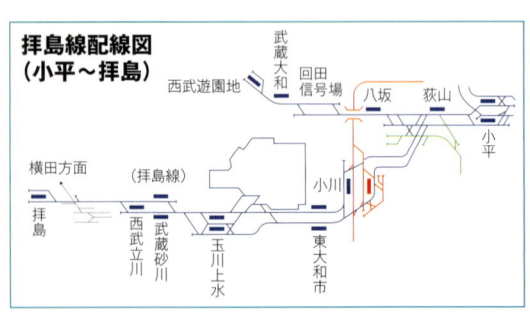

拝島駅に停車する30000系。新宿線との一体化が進み格段に便利になった

多彩な運用で需要に応え
多摩都市モノレールとの接続で
ますます高まる重要性

拝島駅の西武立川寄りには米軍横田基地の専用線（貨物引き込み線）が横切る。拝島線の列車が走行しない時間帯を見計らい、燃料輸送列車が運転される

専用線をつなぎ合わせて成立

　拝島線成立の経緯は少々複雑です。1928（昭和3）年に多摩湖鉄道が萩山～本小平（現在の小平駅近くにありましたが別駅でした）間を開業させたのが最初の区間です。同社はその後武蔵野鉄道を経て西武鉄道となり、本小平駅は小平駅に統合されます。

　小川～玉川上水間は、日立航空機の軍需工場に至る専用線を日興工業から西武が取得して1949（昭和24）年に西武鉄道に編入され上水線として開業しました。さらに、1958（昭和33）年には萩山駅を多摩湖駅（現・西武遊園地駅）方向へ0.3km移設して配線変更し、小平から萩山を経て多摩湖駅への直通運転が可能となりました。

　萩山～小川間は戦時中に開業した旧陸軍施設の引き込み線（戦後はブリヂストンの専用線）を転用したもので、1962（昭和37）年に西武鉄道上水線に編入されています。同時に新宿からの直通電車の運転が開始されました。拝島に達した1968（昭和43）年には路線名が拝島線となり現在に至ります。

> **マメ蔵　小川駅**……2面4線の小川駅は準本線系といえる拝島線が、支線である国分寺線と駅の前後で平面交差するという珍しい構造です（28ページ参照）。1894（明治27）年に川越鉄道（現在の国分寺線）の駅として開業しています。

輝かしい歴史を誇る西武最古の路線・国分寺線

1894（明治27）年に国分寺～久米川（現・東村山）間が開通した国分寺線は西武鉄道で最も古い路線です。現在は支線の扱いですが、国分寺市、小平市、東村山市の通勤・通学輸送を担っています。

国分寺線と拝島線が平面交差する小川駅。左手に延びる線路が国分寺線

川越鉄道として明治27年に開業

　国分寺～東村山間の7.8kmを結ぶ国分寺線は、西武鉄道の前身である川越鉄道が敷設した区間で、現存する西武鉄道では最初に開業した路線です。川越鉄道は日本初の電車運転を行ったことで知られる甲武鉄道の子会社として1892（明治25）年に設立された会社です。当初の川越鉄道は旅客よりも川越の物資を運搬することを目的とした貨物鉄道としての位置づけが強い会社だったのです。

　1894（明治27）年に国分寺～久米川（現・東村山）間がまず開業し、翌年に川越までが開通。当初は蒸気機関車が牽引する客車・貨物列車が運転されていました。1927（昭和2）年に東村山～川越間が電化、さらに1948（昭和23）年には現在の国分寺線部分も電化されており、首都圏西部の都市近郊路線としての体裁を整えていきます。

　さらに、1952（昭和27）年には国分寺線として東村山～国分寺間が独立、東村山～本川越間は新宿線に編入されています。

昭和レトロな駅舎が連なる!武蔵野の住宅街を走るミニ路線

【上】国分寺駅に停車する国分寺線の2000系とJR東日本中央線のE231系 写真提供：大野雅人 【右】複線区間となる羽根沢信号場

行き違い駅を増やし柔軟な運転を実現

　国分寺線には国分寺、恋ヶ窪、鷹の台、小川、東村山の5駅があります。国分寺駅はJR中央線とホームが並び、ホーム番号もその続番で5番線が与えられています。駅を出ると左側を走る中央本線と分かれ、右へ大きくカーブします。国分寺駅から0.9km程の位置にある分岐で複線となります。ここが羽根沢信号場で、列車の行き違いを目的に設置された複線区間がしばらく続きます。

　ちなみに、国分寺線の中間駅は全て列車の行き違いが可能となっており、柔軟なダイヤ作成を可能としています。小川駅では拝島線と接続していますが、国分寺線が2番線（東村山方面）・3番線（国分寺方面）を使用、拝島線が1番線（西武新宿方面）・4番線（拝島方面）を使用し、乗り換え客の利便が図られています。しかも両線は平面交差しており、運行パターンの柔軟化に寄与しています。

　新宿線・西武園線と接続する東村山駅は6番線まであり、1・2番線が国分寺線ホームです。電車の運行は日中1時間あたりがほぼ6本で、うち1本が本川越直通。早朝に西武園直通2本（土曜・休日4本）と夕方に新所沢直通が4本（土曜・休日3本）運転されています。

> **マメ蔵　昭和の駅が残る国分寺線**……国分寺、小川、東村山の3駅は開通時の1894（明治27）年の開業ですが、残りの2駅は戦後の新設、鷹の台が1948（昭和23）年、恋ヶ窪が1955（昭和30）年です。いずれも昭和時代の木造駅舎が残ります。

1章　西武鉄道の路線のひみつ

村山貯水池のアクセス路線として開業 西武ドームの観客輸送を担う狭山線

所沢市西南部を走る狭山線は全長4.2kmのミニ路線です。もともとは狭山湖の観光客輸送を目的に開業した路線ですが、1979（昭和54）年の西武ライオンズ球場オープン以来、球場輸送の路線として知られるようになりました。

西武球場前のホーム。球場の表玄関に相応しくLIONSのロゴがペイントされている。書体は先代のもの

狭山線の起点・西所沢駅。写真下部に見える曲線標には「160」の記載があるが、これはこの部分の線路が半径160mの急曲線にあることを示している

球場輸送と通勤輸送を両立

　狭山線は池袋線の西所沢駅と西武球場前駅を結ぶ全長4.2kmの路線です。西武球場前ではレオライナーとして親しまれる新交通システムの山口線と接続しています。

　西所沢駅の狭山線列車（2番線）と池袋線飯能方面列車（3番線）が発着する島式ホームは、西武球場方向が左カーブにかかるために、先端部手前までがだいぶ広くなっています。1番線も狭山線用です。次の下山口は島式2線で、終点の西武球場前は3面6線という立派な造り。野球開催時の臨時列車運行に対応しています。1・2番線が常用です。

　列車の運転は線内折り返しがメインで、平日は朝のラッシュ時が毎時6本で約10分間隔、9時台が5本で10〜22時台が4本で15分間隔です。土曜・休日は6〜8時台と19〜22時台が毎時3本、日中は4本で準急池袋行きが9時台に1本、15〜17時台に計4本あり、14〜15時台に池袋発の各停が2本運転されています。野球やイベントの開催時には池袋や

埼玉県南部の都市近郊路線
試合開催日には最大37,000人の来場者をさばく!

1972年当時の狭山湖駅(現・西武球場前駅)。当時の駅敷地は現在の球団事務所前の駐車場付近にあった 写真提供:鉄道博物館

西武新宿などからの直通臨時列車が運転されています。臨時列車には西武ドームでのプロ野球公式戦開催日などに運転される特急「ドーム号」もあり、開催日のホームは一気に華やぎます。

観光路線から球場アクセス線に

　狭山線の前身・武蔵野鉄道山口線は村山貯水池周辺の観光客輸送を目的として、1929(昭和4)年に西所沢〜村山公園間が開業しました。村山公園駅は1933(昭和8)年に村山貯水池際駅に改称、さらに1941(昭和16)年に村山駅となりました。

　戦時中の休止期間を経て戦後の1951(昭和26)年に狭山線と名称変更、村山駅も西所沢方へ移動して狭山湖駅となりました。

　1963(昭和38)年には、狭山湖近くの上山口地区に西武ドームの前身・西武園球場が開業。プロ野球二軍やアマチュア野球に使用されていましたが、1978(昭和53)年に西武鉄道(国土計画)が九州のプロ野球チーム・クラウンライターライオンズの買収を発表。改修中だった球場はプロ野球仕様に拡張されることになりました。新球場の名称は西武ライオンズ球場となり、同球場の開業に合わせて狭山湖駅は西武球場前駅に改称。さらに、阪神電鉄のノウハウに学んだ球場輸送が開始されています(209ページ参照)。

> **マメ蔵**
> **下山口駅**……狭山線の旧称は武蔵野鉄道山口線。下山口は同線開業の1929(昭和4)年に中間駅として完成、戦時中の同線運行休止解除後も同駅は閉鎖されたままで、なんと1976(昭和51)年、32年ぶりに再開しました。

戦前に観光路線として開業
現在は遊園地や球場輸送に活躍する多摩湖線

多摩湖鉄道がその母体となった西武多摩湖線の歴史は、その名称通り多摩湖への観光路線として始まりました。現在は西武園遊園地へのアクセス線となっています。

昭和40年頃の多摩湖駅。当駅が土日に行楽客で賑わうのは今も昔も変わらない。停車しているのは311系　写真提供：RGG

2系統に分割されるミニ路線

　多摩湖線は国分寺市の国分寺駅から東村山市の西武遊園地駅を結ぶ9.2kmの路線で、全線が電化・単線、起点・終点駅を含めると7駅があります。国分寺〜西武遊園地間の直通列車は少なく、国分寺〜萩山間と、拝島線の小平駅から**萩山駅**を通って西武遊園地駅に至る2つの系統に分けられています。

　国分寺発で見ると、平日の西武遊園地行きは8・9時台に各1本、16〜20時台に計10本が運転されています。また、国分寺〜一橋学園間では1駅のみながら通勤・通学輸送列車として、7時台に3本の電車が運転されています。一橋学園駅には一橋大学の小平国際キャンパスや陸上自衛隊小平駐屯地があります。

　一方、西武遊園地発では、平日は6時台が2本、7時台では運転される4本全て、8時台では1本が急行西武新宿行きです。また、土曜・休日は

昭和のリゾート村山貯水池のアクセス路線
戦後は「武蔵野夫人」で一躍有名に

多摩湖線周辺図

16時台に2本が運転されています。西武拝島線との接続駅である萩山駅では1番線が国分寺・西武遊園地方面、2番線が拝島・西武遊園地方面、3番線は国分寺・小平・西武新宿方面として使用されています。

東京の奥座敷に向かう観光路線として開業

村山貯水池（多摩湖）への観光客誘致と小平の都市開発などを目的に1928（昭和3）年に設立された会社、多摩湖鉄道が同年に国分寺〜萩山間を開通、萩山〜元小平間も完成し、1930（昭和5）年萩山〜村山貯水池（当時は仮駅で国分寺起点8.0km）間が開通しました。

当時流行していたガソリン動車が運転されていましたが、1932（昭和7）年までには直流600Vの電化が完成し、1936（昭和11）年仮駅を国分寺起点8.9kmに移転して本駅としました。これが現在の西武遊園地駅です。

1940（昭和15）年には武蔵野鉄道に合併され、後に西武農業鉄道を経て西武鉄道となりました。1500V化の完成は1961（昭和36）年のことです。また国分寺駅は1990（平成2）年に多摩湖線部分が大きく改築されて20m級車両の4連結が入線可能となり、1998（平成10）年には国分寺〜萩山間がワンマン化されました。

> **マメ蔵**　**萩山駅**……1928（昭和3）年に開業しました。1面2線の島式ホーム1・2番線と1面1線の3番線があります。多摩湖線は国分寺からの直通と折り返しが1番線、小平方面からの直通が2番線、西武遊園地方面からの国分寺・小平方面直通が3番線を使用しています。

競艇輸送と霊園輸送に活躍
西武の飛び地路線の多摩川線

多摩川線は他の西武線と全くつながらない、いわゆる"飛び地"路線です。元々は多摩鉄道が1922（大正11）年に開通させた路線ですが、1954（昭和29）年に府中競艇場（現・多摩川競艇場）が完成してからは、同場の観客輸送も担っています。

武蔵野南部を走る独立路線

　西武多摩川線は西武鉄道で唯一、西武鉄道の他の路線との接続がない独立路線となっています。武蔵野市の武蔵境駅と府中市の是政駅を結ぶ全長8.0kmの短い路線で、全線が電化単線となっています。途中、新小金井、多磨、白糸台、競艇場前の各駅があります。

　西武多摩川線の前身・多摩鉄道は1910（明治43）年に設立されました。1917（大正6）年に武蔵境（当時は境）駅から部分開業し、是政まで開業したのは1922（大正11）年です。また新小金井駅から次の多磨駅（旧・多磨墓地前駅）方向に向かって右側（西側）には200m程離れた位置に都立多磨霊園があることから、開業当初から霊園への輸送も多いです。

　多摩鉄道が西武鉄道に合併されたのは1927（昭和2）年で、同時に西武多摩川線と改称されました。後に是政線、武蔵境線と線名が変更されますが、現在は再度多摩川線となっています。年配ファンを中心に今も是政線と呼ぶ向きが少なくありません。

地上駅時代の武蔵境駅（1980年ごろ）。国鉄（当時）中央線の下りホームと西武多摩川線のホームは共用しており、中間改札もなかった　写真提供：RGG

多摩川の砂利輸送を目的に開業
現在は閑静な武蔵野の住宅路線

西武系の公営競技場・多摩川競艇のアクセス路線

　多摩川競艇場に隣接する競艇場前駅(旧・常久駅)は、かつて多摩川の砂利採取場がありました。現在は公営競技・競艇のレース場となっていますが、西武鉄道も関連会社を通じて、この競艇場の経営に参画していることはあまり知られていません。多摩川競艇場内では土日を中心にさまざまなイベントが実施されるため、近年は競艇ファン以外の来場者も増加しています。

　同線に土曜・休日ダイヤはなく日中はほぼ12分、朝晩は約20分間隔で運転されています。列車のすれ違いは新小金井、白糸台(早朝、夜間は多磨)の各駅で行われています。京王線の武蔵野台駅と多磨霊園駅から歩いて10分ほどの位置にある白糸台駅(旧・北多磨駅)に、車両基地が設けられています。

　2009(平成21)年に全面高架となった武蔵境駅は1面2線。JR中央線との間に連絡線があり、車両の搬出入が行われます。

　車両は近年まで旧101系が最後の活躍を続けていましたが、現在は白塗装の**新101系**(112ページ参照)の4両編成がワンマン仕様で運転されています。

> **マメ蔵**　**西武多摩川線の新101系**……ベースが白の4連、春夏秋冬をモチーフとした編成が2011(平成23)年秋に揃いました。春が247編成で、以下夏(249編成)、秋(251編成)、冬(253編成)と、単純な白塗装の259編成が使用されています。

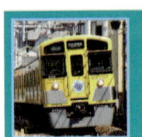

競輪輸送とニュータウン輸送の担い手
都県境を行くミニ路線・西武園線

西武園線は多摩川線と同様、多摩湖の観光客輸送を目的に敷設された路線です。西武鉄道が経営する公営競技場「西武園競輪」の観客輸送と通勤輸送の2つの顔を持つ、都市近郊型の盲腸線です。

村山貯水池の観光輸送路線として開業

　西武園線は新宿線の東村山駅から分岐する1駅のみの盲腸線で、全長2.4km。中間には駅も信号場もありません。

　西武園線のルーツは、1915（大正4）年に村山軽便鉄道が吉祥寺～東村山～箱根ヶ崎間に建設免許を取得したことに遡ります（通称：箱根ヶ崎線）。遅々として建設は開始されませんでしたが、昭和初期に完成した村山貯水池（多摩湖）周辺がリゾートとして開発されると一転、村山軽便鉄道から免許を譲り受けた旧西武鉄道も村山貯水池へ乗り入れる区間のみ着工。1930（昭和5）年4月に東村山～村山貯水池前（仮駅）間が開業します。

　同駅は1939（昭和14）年に正式駅化、1941（昭和16）年に狭山公園駅へ改称、戦後の1945（昭和20）年に武蔵野鉄道に合併され、1948（昭和23）年に営業再開して駅名も村山貯水池と改称しました。

　村山貯水池という駅名は、多摩湖線の前身・多摩湖鉄道も採用した駅名

箱根ヶ崎までの延伸案もあった西武園線だが、終着の西武園駅は掘割の中にあるため、構造上延伸は不可能となっている

1駅のみの盲腸線
リゾートラインの構想は泡沫の夢

大正末期から首都圏の保養地として
発展していた多摩湖（村山貯水池）

西武園駅のコンコース。競輪
場の乗客の集中に備え広々と
した通路が設けられている

でした（現・西武遊園地）。当時、いかに村山貯水池が首都圏の有望な観光資源だったかわかります。その名残で、現在も東村山、東大和周辺には多くの線路が入り組んでいるのです。

なお、旧西武鉄道の箱根ヶ崎線の村山貯水池以西は結局建設されることなく免許は失効しています。

通勤路線への脱皮を遂げる

1950（昭和25）年に終点手前の野口信号場から分岐線ができ、現在の**西武園競輪場**観客輸送のための支線臨時終点駅として西武園駅が造られました。しかし1951（昭和26）年には野口信号場〜村山貯水池間を廃止して、同駅を西武園駅に統合してこれが終点駅となりました。1952（昭和27）年には路線も西武園線とされました。昭和30年代に入ると、村山貯水池の東側はリゾートから住宅地に転換していき、この地域の路線も観光客輸送から通勤客輸送にシフトしていったのです。

駅周辺には昭和末期から松が丘ニュータウンという高級分譲住宅の販売が開始され、通勤路線化に拍車がかかりました。

運転は4連結か6連結で線内の折り返しがメイン。5〜7時台に平日3本、土曜・休日5本の国分寺行き（国分寺発西武園行きは平日2本、土曜・休日4本）が運転されています。かつては、競輪開催日に新宿線への直通列車も運転されていましたが、現在は運転されていません。

> **マメ蔵** **西武園競輪場**……1950（昭和25）年に開業した公営競技・競輪の競技場。当初の施設名は村山競輪場でしたが、1954（昭和29）年に現名称に改称されています。施設は西武鉄道が管理しています。

軽便から新交通へ
数奇な運命をたどった山口線

山口線は日本で唯一、大手私鉄の経営による新交通システムです。かつての山口線は軽便鉄道で、バッテリー機関車や蒸気機関車が牽引する遊戯鉄道の一種でした。

遊園地西駅に進入する8500系

蒸気機関車の動態保存線から新交通システムへ

　所沢市にある西武狭山線との接続駅である西武球場前と、東村山市の西武遊園地駅を結ぶ新交通システムの西武山口線。東京都と埼玉県にまたがっており、県境を走る新交通システム路線は日本でここだけです。

　距離はわずか2.8km、その元は西武遊園地の遊戯施設でした。1950（昭和25）年に開業、2年後に正式な地方鉄道となり山口線と改称されました。いわゆる**軽便鉄道**で軌間は762mmでした。1972（昭和47）年からは蒸気機関車運転が開始され、評判となりました。球場来場者の輸送事情を改善するために、1984（昭和59）年に運行が終了、翌年現在の新交通システムに変更され、電気方式は直流750V、第三軌条による集電です。

　信号は当時の一般鉄道と同様の目測式でATSを装備した有人方式となっている点が他の新交通システムと異なりますが、大手私鉄が保有する唯一の新交通システムでもあります。

　山口線の西武球場前駅は到着した狭山線の左（東南）側に隣接、ホーム

多摩湖のほとりを行く新交通システム
車窓には西武園ゴルフ場の緑が飛び込む

列車の行き違いが行われる中峰信号場

は連続した7・8番線となっています。出発すると大きく右にカーブして西武ドームサッカーパークを囲むような形で走り、南向きになったあたりが車両基地です。ドームの東を抜けると多摩湖に沿って進みます。途中列車の行き違いをする中峰信号場を通って遊園地西駅へ。そして多摩湖線と接続する1面1線の西武遊園地駅に到着、ホームは3番線で多摩湖線と連続しています。当線には隧道（トンネル）は5つ、橋梁が7つあります。

鉄道ファンに語り継がれる遊戯鉄道時代

　山口線は遊戯施設の頃から凸型のバッテリー機関車が牽引する列車で運転されていましたが、1972（昭和47）年の蒸気機関車導入ではいずれもドイツ・コッペル製の、頸城鉄道2号機Cタンク（1966〈昭和41〉年引退、現在くびき野レールパーク保存中）と、井笠鉄道1号機Bタンク（1961〈昭和36〉年引退、現在井笠鉄道記念館で保存中）を借りて運行を開始。前者は新潟県、後者は岡山県の軽便鉄道で、両方とも1971（昭和46）年に廃止されています。また客車も井笠鉄道から8両が入線しました。蒸気機関車返還時には台湾から、やはりコッペル製のCタンク527、532号機を輸入して1977（昭和52）年から1984（昭和59）年の休止まで活躍しました。現在はそれぞれ台湾の博物館、北海道の丸瀬布森林公園いこいの森で静態保存されています。

> **マメ蔵**　**軽便鉄道**……小型の車体で線路幅が1,067mm以下の狭いナローゲージを用いた鉄道。規格が低いために建設コストや運営費が安くて済みます。1910（明治43）年の軽便鉄道法公布以後、各地に誕生しました。

1章　西武鉄道の路線のひみつ

休止中の安比奈線
将来復活の可能性も

砂利運搬路線として建設された安比奈線は、川砂利の採取禁止により運行を休止しました。今では廃線跡として注目を浴びていますが、実は運行再開の計画も立てられています。

入間川の砂利輸送線として開業

　安比奈(あひな)線は、川越市の新宿線南大塚駅と入間川の河原近くにある安比奈駅を結ぶ、全長3.2kmの短い貨物線です。川砂利輸送を目的に計画され、1925（大正14）年2月15日に単線非電化の路線として開業しました。戦後は1949（昭和24）年2月に電化され、1964（昭和39）年頃まで砂利輸送が行われていましたが、1967（昭和42）年に川砂利の採取が禁止され、以後使用されることなく現在に至っています。

　安比奈線に残されたレールや枕木、架線柱は徐々に朽ちていきましたが、そのことが廃墟としての風情を高め、廃線ブームや廃虚ブームを背景に注目されるようになりました。2006（平成18）年には西武鉄道自身が安比奈のウォーキングイベントを開催しています。また、2009（平成21）年に放送されたNHK朝の連続テレビ小説『つばさ』では、ロケ地として

【上】安比奈線の廃線跡。ほとんどの区間で路盤が残されており、一部にはレールも残る【右上】国道16号線との交差部【右下】橋梁も残るが、立ち入り禁止となっている

廃線跡ファンに人気の安比奈線は NHK朝の連続テレビ小説の ロケ地となった

深山幽谷の中に見えるが、線路の周辺は住宅や工場が多い

も活用されました。番組の放送期間中は線路敷の一部が遊歩道として開放されました。

新宿線車両基地の新設計画

　廃線跡としての姿が注目されている安比奈線ですが、法手続上はあくまで「**休止**」であり、廃線ではありません。それどころか、安比奈線を復活させる計画も存在します。

　西武鉄道は1980年代、新宿線西武新宿〜上石神井間に地下急行線を整備して複々線化する計画を取りまとめました。それに伴い車両基地の増設が必要になったことから、安比奈線の終点に車両基地を設置し、安比奈線を回送線として活用することを考えたのです。

　地下急行線は少子高齢化で輸送人員が横ばいになったこともあり、1995（平成7）年に事実上凍結され、「安比奈車両基地」建設のめども立っていません。西武鉄道では車両基地の計画を今も維持しており、いずれ安比奈線が復活するかもしれませんが、首都圏の幹線道路である国道16号線との交差部に踏切を造るのは現実的ではなく、復活にはこの部分の立体交差化が不可欠であると考えられています。

> **マメ蔵**　**鉄道事業の休止**……鉄道事業の休止は国土交通大臣への届出が必要で、その期間は1年以内です（鉄道事業法第28条第1・2項）。安比奈線も毎年1回以上は休止届が提出され、休止期間の延長を繰り返しています。

1章　西武鉄道の路線のひみつ

実現に至らなかった吉祥寺線と多摩ニュータウン線

計画が中止され幻に終わった路線のことを「未成線」と呼びます。西武鉄道にも吉祥寺乗り入れや多摩川線の多摩ニュータウン乗り入れなど、いくつかの未成線が存在します。

新宿線の当初計画は吉祥寺起点だった

　明治時代に川越鉄道として開業した国分寺線国分寺～東村山間と新宿線東村山～本川越間は、甲武鉄道（現在のJR中央線）の支線的な存在で、東京都心へは国分寺駅で乗り換える必要がありました。

　川越鉄道が開業してからしばらく経つと、青梅街道沿いの集落と東京都心を結ぶ鉄道の計画が浮上し、1915（大正4）年に村山軽便鉄道が箱根ヶ崎～東村山～田無～吉祥寺間の鉄道の敷設免許を受けましたが、資金難から着手できませんでした。そこで、川越鉄道は村山軽便鉄道から免許を譲り受け、都心により近い吉祥寺に線路を延ばすことを考えたのです。

　しかし、吉祥寺では都心直結とまではいえません。結局、都心側の起点は後に新宿に変更され、1927（昭和2）年までに高田馬場～東村山間が開業しています。吉祥寺～田無間の建設は中止され、東村山～箱根ヶ崎間も現在の西武園線東村山～西武園間を除いて中止されました。

武蔵野の中心地である吉祥寺。西武鉄道の乗り入れが実現していたら、武蔵野地区の文化地図は大いに塗り変わっていたことだろう

多摩地区の交通の要衝として発展する多摩センター

川越鉄道のターミナルとして計画された吉祥寺
そして、多摩センターへの延伸構想は未成に終わった

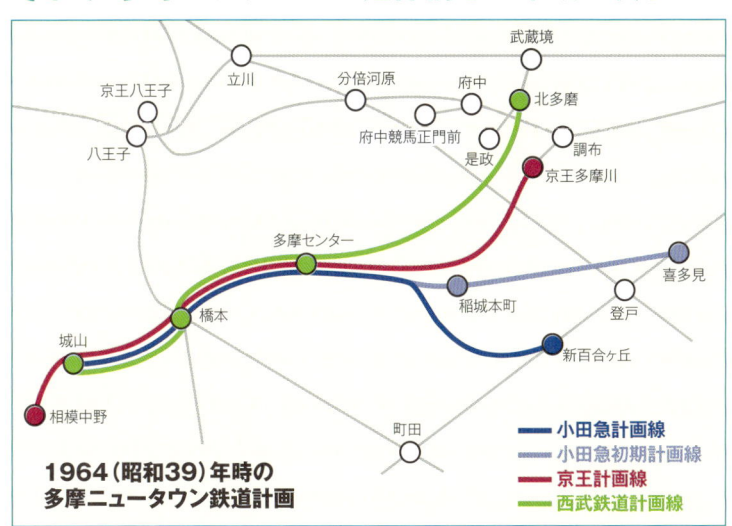

1964(昭和39)年時の多摩ニュータウン鉄道計画

凡例：
- 小田急計画線
- 小田急初期計画線
- 京王計画線
- 西武鉄道計画線

多摩ニュータウン線中止の原因は中央線の混雑

　東京都西部の多摩丘陵を大規模な郊外新市街地として整備する構想は、1963(昭和38)年に「多摩ニュータウン」として具体化しました。これを受けて、周辺の私鉄はニュータウン方面に延びる新線の計画を立て、西武鉄道も鉄道敷設免許を申請しました。ニュータウンの計画人口は30万人とされ、ここに鉄道路線を延ばせば利用者が大幅に増えることが見込まれたからです。

　西武の計画は、多摩川線の北多磨駅(現在の白糸台駅)で分岐し、ニュータウンを経て津久井湖に近い城山に至るものでした。しかし、この計画では武蔵境駅で中央線に乗り換える必要があります。当時の中央線は混雑が激しく、ニュータウンからの乗換客で混雑がさらにひどくなることが懸念されました。このため、国は新宿～ニュータウン間を直通できる小田急と京王に免許を与え、西武の申請を却下したのです。

　もし、西武が多摩センターに乗り入れていれば、東京西部の文化圏は現在とは大きく異なっていたかもしれません。

> **マメ蔵**
> **未成線**……言葉の意味からすると、開業に向けて工事中の鉄道路線も未完成の路線＝未成線です。しかし鉄道マニアの間では、計画や工事が途中で中止され、幻と化した路線を指すことが多いようです。

軽井沢を目指したという秩父線延伸構想の真偽は？

秩父の石灰石輸送や観光輸送を目的に建設された西武秩父線ですが、かつては秩父からさらに線路を延ばし、軽井沢まで建設する構想があったといわれています。

軽井沢の北部にある浅間山周辺は別荘地が多数あることで知られている。西武グループが経営する観光施設「鬼押し出し園」も浅間山の麓にある

状況証拠はそろっている延伸構想

　池袋線は戦前の時点で、既に池袋～吾野間の全区間が開業していましたが、戦後すぐに秩父への延伸構想が持ち上がりました。そして、1969（昭和44）年に西武秩父線として吾野～西武秩父間が開業しました。

　西武秩父線といえば、「最終的には軽井沢まで延伸する構想だった」という、うわさ話があります。吾野駅から北西方向に延びている西武秩父線をさらに延ばしていくと、ちょうど軽井沢に突き当たります。それに軽井沢といえば、西武鉄道の中核企業であった国土計画（後のコクド）が観光開発を手がけており、延伸構想があったとしても不思議ではありません。

　西武秩父駅にしても、ここを終点とするなら線路の終端側に駅舎を設けてもよかったはずなのに、ホームの横に駅舎を置いて線路を延ばせる構造を採用しています。将来の軽井沢延伸を想定していたためではないか、との憶測を呼んだのです。

幻の西武軽井沢線

国際的観光地・軽井沢は街中が緑に覆われている

西武グループの観光事業の中心地軽井沢へ秩父線延伸構想は幻に終わった

秩父鉄道乗り入れは開業20年後に実現

しかし、西武鉄道はこれまで公式にも非公式にも軽井沢延伸構想を発表したことは一度もありません。そもそも、西武秩父付近の線路はS字カーブを描いて秩父鉄道の線路に合流するような線形になっており（179ページ参照）、軽井沢にそっぽを向いています。軽井沢への延伸が最終的な目標なら、S字カーブを描く必要はないはずです。

西武秩父線がこのようなルートを採用したのは、軽井沢への延伸ではなく、秩父鉄道への乗り入れを考えていたためと思われます。しかし、東京～秩父間を結ぶルートで競合関係にある秩父鉄道は西武秩父線の計画に反発し、乗り入れはおろか連絡駅の設置すら困難でした。このため、秩父鉄道の御花畑駅から少し離れたところに西武秩父駅が設けられたのです。

秩父鉄道への乗り入れが実現したのは、西武秩父線の開業から20年後の1989（平成元）年のことです。この時は西武秩父駅の終端部から線路を延ばさず、駅の少し手前に連絡線を建設して秩父鉄道に乗り入れています。

> **マメ蔵**　**まだある幻の構想**……西武鉄道は戦後、西武多摩川線と新宿線、池袋線を連絡する新線の建設を申請しました。この頃、京王電鉄が西武の営業圏に入り込む路線を申請したため、これへの対抗策として申請したようです。

2章

西武鉄道の駅のひみつ

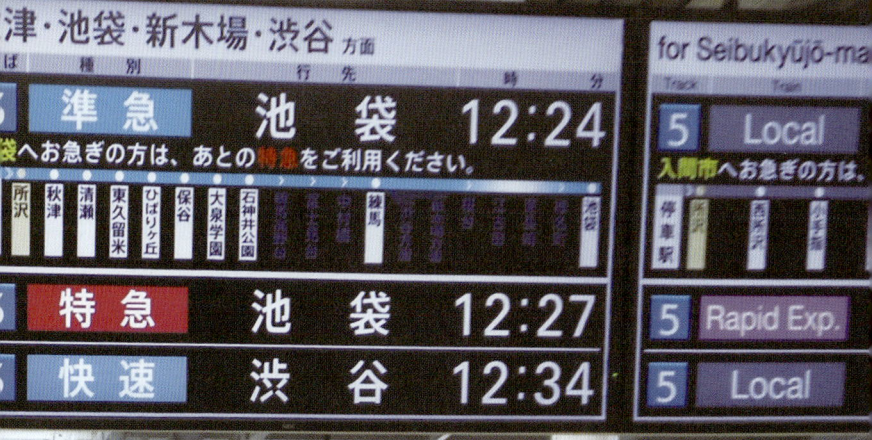

西武鉄道には駅が全部で92箇所あります。ラッシュに対応して充実した施設を誇る都心部のターミナル、住宅地の中の瀟洒な駅、郊外にある洗練されたデザインの駅、山間部にあるローカル駅など、西武鉄道にはさまざまなタイプの駅があるのが特徴です。近年はバリアフリー化や案内表記の充実が図られ、さらに利用しやすくなっています。

池袋駅——
関東私鉄屈指のターミナル

利用者数が新宿駅に次ぐ世界第2位のターミナルである池袋駅は複数の鉄道会社が乗り入れています。西武池袋駅は4面4線のゆとりある配線で都内にある私鉄のターミナルとしては最大規模を誇ります。

世界第2位の一大ターミナル

　池袋駅には西武鉄道池袋線以外にJR山手線・埼京線・湘南新宿ライン、東武鉄道東上線、東京メトロ丸ノ内線・有楽町線・副都心線が乗り入れています。1日の利用者数は約271万人にも上り、新宿駅に次ぐ世界第2位の一大ターミナルです。

　池袋線の起点となる池袋駅は4面4線の**頭端式ホーム**の構造で1～7番線ホームと特急専用ホームがあります。西武池袋本店（西武百貨店）の1階に位置する地上駅でもあり、都内にある私鉄のターミナルとしては最大規模となっています。2011（平成23）年度の1日平均乗降人員は472,022人と西武鉄道全線で断トツの1位です。

　ゆとりのあるホームの内訳は2番線が各駅停車、3番線が準急と快速、

西武百貨店池袋本店が入居する西武鉄道の池袋駅

東京の副都心・池袋 駅舎は西武百貨店が入居する巨大駅ビルだ

特急レッドアロー号専用ホームには中間改札口がある

正面改札口。朝夕のラッシュに備え多くの改札機が設置されている

支柱には埼玉西武ライオンズの選手のパネルが展示されている

5番線が快速急行と急行、7番線は曜日や時間帯によって異なる各種列車です。さらに7番線の先には改札口の外側まで続く特急専用ホームがあり、1・4・6番線は降車専用となっています。特急ホームの先はかつて山手貨物線とつながっていて、国鉄との貨物の受け渡しが行われていました。1976（昭和51）年の武蔵野線の延伸開業によって廃止され、現在は側線や電留線に転用されています。保線用の事業用車両が留置されることも多いです。

急速に発展し活気あふれる街に成長

　1915（大正4）年に池袋線の前身である武蔵野鉄道が開業し、池袋駅も開設されました。全線単線、蒸気機関車運転でのスタートでした。戦時中の空襲によって駅舎が焼失しますが、戦後急速に発展しました。現在は百貨店や大型家電量販店などの商業施設が林立し、活気あふれる街に成長しています。駅周辺から少し離れますが、池袋のランドマークといえるのがサンシャインシティです。敷地内にあるサンシャインシティプリンスホテルは西武グループ（西武ホールディングスの子会社）が運営しています。
　今後も、池袋は西武グループとともに、発展していくことでしょう。

> **マメ蔵　頭端式ホーム**……上野駅地上1階に代表される行き止まり式のホームで複数のホームが陸続きになっているのが特徴です。その形状から櫛形ホームとも呼ばれています。大規模な起点駅や私鉄のターミナル駅に多く見られます。

2章　西武鉄道の駅のひみつ

豊島園駅──「としまえん」の最寄り駅

豊島園駅ホームの上屋の柱にはイギリス、アメリカ、ポーランドなどで製造された古レールが使用されています。製造当時の刻印も残り、その光景はまるでレールの見本市のようです。

【上】豊島園駅の名物・古レールを活用した上屋の支柱。写真はクロレフスカ・フータ製鉄所の古レール
【右】かつて2面3線だったが、中線は現在埋められている。旧中線の跡には上屋が増設されている

ホーム上屋を支える120年前の古レール

　1区間わずか1.0kmの**盲腸線**である豊島線は1927（昭和2）年に開業しました。豊島園駅は1面2線の幅員の広い島式ホームですが、かつては2面3線の頭端式ホームの構造でした。しかし、その構造では最大6両編成までしか入線できず、8両編成に対応できるように中央1線を埋め立てて完全な島式ホームにしました。ホームの上屋の形状からその名残を見てとることができます。さらに、上屋を支える柱には古レールが使用されているのです。

　最も古いレールは今からおよそ120年前のバーロウ社（イギリス）のもので1893（明治26）年製。19世紀のレールが現存しているということになります。USスチール・テネシー社（アメリカ）、カーネギー・スチール社（アメリカ）、クロレフスカ・フータ製鉄所（ポーランド）、グー

テホフヌング・ヒュッテ製鉄所（ドイツ）など老舗レールメーカーの刻印があります。何度も塗装し直されているので、刻印部が読みづらいものもあります。古レールが使用されているのはホーム延伸前の部分で「4両最前部位置」と書かれた看板よりも駅舎側になります。同駅を利用する方は、ぜひ一度ご覧ください。明治時代の鉄道関係者の熱い息吹が聞こえてくること請け合いです。

西武鉄道と都営地下鉄の豊島園駅

　豊島線は西武グループが運営する遊園地「としまえん」へのアクセス路線であることに加えて、始発・終電以外は池袋線と直通し、池袋線の練馬〜池袋間を補完する役割があります。練馬では東京メトロ有楽町線および副都心線への直通列車と接続し利便性が向上しています。1991（平成3）年に都営地下鉄12号線（大江戸線）が開通し、地下鉄の豊島園駅が開業。ただし同じ駅名ですが連絡駅ではありません。大江戸線は新宿方面へ直結することからかなりの乗客がそちらへ流れたとみられ、西武鉄道の豊島園駅の利用者は以前に比べてそれほど多くありません。駅前には西武グループが経営する日帰り入浴施設「庭の湯」があり、こちらも遊園地と同様に人気を集めています。

ファミリーに大人気のとしまえんの最寄り駅
ホーム上屋の支柱の古レールは
鉄道遺産として注目を集める

【左】遊園地の最寄り駅だけあり、駅前広場は広々としている　【上】駅の周辺には瀟洒な街並みが広がる

マメ蔵　**盲腸線**……起点あるいは終点が他の路線と接続していない行き止まり路線のこと。路線図で盲腸のように見えることから俗語として使われ、ローカル線を指すことが多いようです。

新桜台駅──地下鉄仕様のユニーク駅

西武有楽町線の部分開業時から営団地下鉄支線の終着駅として扱われてきた新桜台駅は西武鉄道が管理する唯一の地下駅です。東京都区内にありながら利用者が少ないのが現状です。

東京メトロの有楽町線の駅と同様、壁面には路線カラーのプラスチック板が貼付されている

駅の入り口は東京の主要道路「環状七号線」にある

西武鉄道が管理する唯一の地下駅

　西武有楽町線の新桜台駅は環七通りの直下に位置する地下駅です。地下2階に相対式ホーム2面2線を持ち、地下1階が改札口とコンコース、地上に1～4番の4箇所の出口が設けられています。次の小竹向原駅が東京メトロの管轄のため、新桜台駅は西武鉄道が管理する唯一の地下駅ということになります。駅周辺には武蔵野音楽大学江古田キャンパスや楽器博物館などがありますが、2011（平成23）年度の1日平均乗降人員は6,407人と少なく、西武鉄道全92駅中の76位です。

　下車してみると、西武鉄道の駅でありながら、東京メトロの駅と雰囲気が似ていることに驚かされます。東京メトロの駅と同様、ホームの壁面にはラインカラーのプラスチック板が貼付されているほか、一部の駅名標も東京メトロ仕様となっています。駅の改札口や周辺に貼付されたポスターは西武らしさを感じさせますが、逆に東京メトロ仕様のものを設置したほうが違和感がないように思えます。

標識やポスターに西武の香り 有楽町線の駅と近似する

2章 西武鉄道の駅のひみつ

【上】改札口は西武鉄道の雰囲気が色濃い
【右】駅周辺は近年、アニメタウンとして売り出している

11年間は営団地下鉄支線の終着駅

　東京メトロ有楽町線および副都心線と相互直通運転を行う池袋線ですが、練馬から35‰の急勾配を下って地下に潜り、東京メトロが管理する小竹向原までの区間が西武有楽町線です。1983（昭和58）年に新桜台～小竹向原間が開業しましたが、西武鉄道の路線と接続していなかったため、実質的には帝都高速度交通営団（現・東京メトロ）有楽町線の支線で営団車両のみが運行されていました。

　当初は西武有楽町線に途中駅を設置する計画はありませんでしたが、練馬駅付近での建設期間の長期化が見込まれました。そのため新桜台駅を開設し、1994（平成6）年の全線開業までの間（約11年間）は営団地下鉄支線の終着駅としての役割を担いました。地下鉄乗り入れ用の**西武6000系**（100ページ参照）も運用を開始します。

　1998（平成10）年にようやく全線複線化が実現し、池袋線との直通運転が始まりました。2008（平成20）年に東京メトロ副都心線が開業し、相互直通運転がスタートします。そして、2013（平成25）年には東急東横線および横浜高速鉄道みなとみらい線との相互直通運転を開始します。

> **マメ蔵**　**西武6000系**……前面に非常時の貫通扉を備えた10両固定編成の地下鉄対応車両。西武有楽町線や池袋線のほか狭山線、新宿線、拝島線でも運用されています。地下鉄に乗り入れられる西武鉄道の車両はこの6000系のみです。

中村橋駅──
創業時の古レールを展示

開業当初から中村橋駅のホーム上屋を支えていた古レールが街路灯の支柱として再活用されています。一見するとおしゃれな街路灯ですが、レールには詳しい解説板もあります。

駅北側の古レールの展示スペース。製造年や製造会社名について紹介されている

駅舎入口に旧駅舎の屋根をデザイン

　1924（大正13）年に開業し、1997（平成9）年に高架化された中村橋駅は1面2線の島式ホームを持ち、外側には優等列車用の通過線が設けられている池袋線の複々線区間にあります。高架化されるまでは**マンサード屋根**が特徴の駅舎が残っていました。

　現在の駅舎入口上部は旧駅舎の屋根をモチーフにしたデザインとなっています。中村橋駅には各駅停車しか停車しませんが、2011（平成23）年の1日平均乗降人員は37,061人に上り、西武鉄道の各駅停車のみが停車する駅としては乗降者数が第1位です。2007（平成19）年に西側高架下に商業施設のエミオ中村橋がオープンしました。

　中村橋は複々線区間にありますが、優等列車が走行する線路は外側にあるため、各駅停車のみが停車する当駅には、中央部に島式ホームが1本あるだけとなっています。

高架化後も残る マンサードの痕跡 北側の古レールは 鉄道ファン必見

高架駅舎の壁面にはマンサード駅舎時代の屋根の断面を再現した

駅前には古井戸がある

古レールを街路灯の支柱に使用

　北口にはおしゃれな街路灯が並んでいますが、街路灯の支柱には旧駅舎のホーム上屋を支えていた古レールを使用しています。この街路灯は2003（平成15）年に「軌条燈（レールランプ）」として日本の鉄道・パブリックアート大賞の佳作を受賞しました。特筆すべきは使用されているレールに詳細な解説板が設置されていることです。クロレフスカ・フータ製鉄所（ポーランド・1927年）、官営八幡製鐵所（日本・1928年）、カーネギー・スチール社（アメリカ・1914年）、USスチール・テネシー社（アメリカ・1924年）、ウエンデル社（フランス・1925年）、ミッシュビル社（フランス・1926年）、グーテホフヌング・ヒュッテ製鉄所（ドイツ・1926年）の7本のレールに解説板があります。これらの古レールはダークグリーンに塗装され、社名や製造年月を表した刻印部分は金色で目立つようになっています。また、かつて駅舎内で使用されていた井戸は旧駅舎時代の名残であり、地域住民の要望によって保存されました。

> **マメ蔵**
> **マンサード屋根**……上部が緩勾配、軒に近い方で急に折れ曲がった構造の屋根のことで腰折屋根とも呼ばれます。17世紀のフランスの建築家であるフランソワ・マンサールが考案したとされています。

富士見台駅──
ホームから富士山が見える!

富士見台駅のホームからは空気の澄んだ晴れた日に富士山が眺められます。池袋線の高架化に伴って高架駅となり、入口には富士山をイメージしたステンドグラスがあります。

富士見台の「富士見台」たる由縁

　池袋線複々線区間に位置する富士見台駅は各駅停車のみ停車する高架駅で、1面2線の島式ホームを持ち、外側2線が優等列車の通過線となっています。空気の澄んだ晴れた日には、その名の通りホームから富士山を望むことができます。富士見台～練馬高野台間でも富士山が見えます。

　1925（大正14）年の開業時は貫井駅でしたが、沿線開発が進み、住宅地分譲が行われました。付近一帯は富士山の見える住宅地として売り出すために、「富士見台」と名付けられました。そのため、駅名も1933（昭和8）年に富士見台駅に改称しました。富士見台は東京都練馬区の町名ですが、富士見台駅そのものは貫井3丁目にあります。

　富士見という地名は富士山が見える関東地方や中部地方に多く、各地の郷土富士に由来するものもあります。鉄道の駅名だけでもJR中央本線富士見駅（長野県）、京王井の頭線富士見ヶ丘駅（東京都）、湘南モノレール富士見町駅（神奈川県）、東武東上線ふじみ野駅（埼玉県）などが挙げられます。

【左】ステンドグラスには富士山がデザインされ、乗客の目をなごませている　【上】南口と商店街の間はショッピングモールが連絡する

ステンドグラスには霊峰富士の威容 閑静な住宅地に浮かび上がる高架駅舎

駅の周辺には古くからの商店が軒を連ねている

複々線の富士見台駅では、各駅停車の脇を急行列車が通過することもある

練馬から石神井公園まで複々線化

　1997（平成9）年に中村橋～富士見台間が高架化され、駅舎も高架駅としてリニューアル。新駅舎の北口には富士山をデザインしたステンドグラスがあり、全体は寒色系でまとめられています。2001（平成13）年に中村橋～練馬高野台間が複々線化され、池袋線は練馬から石神井公園までが複々線区間になっています。2006（平成18）年に南口の一部を改装、2007（平成19）年にはホームの待合室に空調設備が設けられました。駅ナカ店舗も充実していて、ベーカリーやカフェ、ドーナツショップ、スーパー、コンビニ、薬局、書店などが入っています。駅前にはマンションも立ち並び、近年はおよそ2万3千人が利用しています。駅の周辺は住宅が密集していますが、北側には小さいながらも駅前広場が設けられています。駅を出ると古くからの商店街に直結、1分も歩くと閑静な住宅街となります。

> **マメ蔵**　**複々線**……上り下りの2線の複線が並行して敷設され、合計4線の線路が並んでいること。池袋線のように優等列車と各駅停車を並走させることで効率的な運転が可能になり、輸送力増強につながります。

2章　西武鉄道の駅のひみつ

大泉学園駅――
銀河鉄道の車掌さんが名誉駅長

大泉学園駅には名誉駅長に任命された『銀河鉄道999』の車掌の像が立っています。『銀河鉄道999』の主題歌を使ったユニークな発車メロディでも知られています。

1972年当時の大泉学園駅。西武池袋線に多かったマンサード屋根の駅舎が健在だった。現在は橋上駅舎に改築されている　写真提供:鉄道博物館

大学を誘致する学園都市として開発

　大泉学園駅は西武鉄道の前身である武蔵野鉄道が開業した当初は設けられず、1924(大正13)年に東大泉駅としてスタートし、1933(昭和8)年に現駅名に改称。実業家の**堤康次郎**氏が設立した箱根土地(国土計画を経て後のコクド)が大学などの高等教育機関の誘致と住宅分譲を兼ねた学園都市を開発しました。結局大学誘致は失敗に終わったため、大泉学園という学校は存在しないまま、駅名だけが残った形となります。

　現在駅の周辺は、街路樹や公園の多い閑静な住宅街として人気を集めています。駅の構造は1面2線のシンプルな島式ホームで橋上駅舎があります。2011(平成23)年度の1日平均乗降人員は81,725人と単独駅としては非常に多く、西武鉄道全線で第8位、池袋線では池袋駅、練馬駅に次いで第3位にランクインしています。

松本零士氏ゆかりの駅
『銀河鉄道999』のキャラクターがいっぱい

改札口を入ると、『銀河鉄道999』の名物キャラクター「車掌」が出迎える

天窓周辺にはヒロインキャラ「メーテル」のポスターが掲出される

日本のアニメ発祥の地

　東京都練馬区の大泉は日本のアニメ発祥の地でもあります。1958（昭和33）年に東映動画（現・東映アニメーション）で日本初のカラー長編アニメ映画が製作されたことに起因します。地元在住の松本零士氏の漫画作品を原作としたアニメ『銀河鉄道999』（東映アニメーション製作）に登場するキャラクターの車掌の像（ＦＲＰ製・高さ165cm・重量30kg）が改札内コンコースに設置されています。2008（平成20）年に開催された練馬区のＰＲイベント「ねりたんアニメプロジェクトin大泉」において、車掌さんを名誉駅長に任命し、作者の松本零士氏が一日駅長を務めました。

　2009（平成21）年には発車メロディに劇場版『銀河鉄道999』の主題歌が採用されました。1番線ホーム（所沢方面）ではサビ部分、2番線ホーム（池袋方面）ではＡメロの冒頭部分をアレンジしています。編曲は作曲家のタケカワユキヒデ氏が担当し、「ねりたんアニメプロジェクトin大泉2009」では同氏が一日駅長に就任しました。

> **マメ蔵**
> **堤康次郎**……大正・昭和時代の実業家・政治家であり、西武グループの創始者として活躍したことでも知られています。後のコクドとなる箱根土地は、学園都市として大泉学園都市以外に国立学園都市と小平学園都市を開発しました。

2章　西武鉄道の駅のひみつ

59

所沢駅──
路線網の中心駅は池袋と新宿が逆方向?

西武鉄道の二大幹線である池袋線と新宿線が結節する所沢駅は、西武鉄道の路線網の中心部に位置するターミナルです。特急列車を含む全列車が停車するため、駅構内は終日賑わっています。

所沢駅の橋上駅舎

二大幹線の結節点として発展

　所沢駅は、埼玉県南西部の中核都市である所沢市(人口約34万人)の玄関駅です。西武鉄道の二大幹線である池袋線と新宿線が交差することから、3面5線の駅構内は終日賑わっています。

　開業は1895(明治28)年と古く、長く国分寺と本川越を結ぶ川越鉄道の単独駅でした。その後、1915(大正4)年に現在の池袋線の前身である武蔵野鉄道が乗り入れるようになり、共同使用駅となりますが、その後も駅業務は川越鉄道が単独で担当していました。

　川越鉄道の線路は所沢周辺で南から北にほぼ一直線で結んでいますが、後から開業した武蔵野鉄道は、秋津から所沢に乗り入れるために南側に大きく迂回する線形をとりました。さらに、所沢から先も大きく西側に迂回し西所沢を目指しました。

　その後、高田馬場〜東村山間に川越鉄道から社名変更した旧・西武鉄道

西武の企業城下町として発展した所沢
2013年春の完成を目指し橋上駅舎化が進行中!

西武鉄道の持ち株会社「西武ホールディングス」の本社

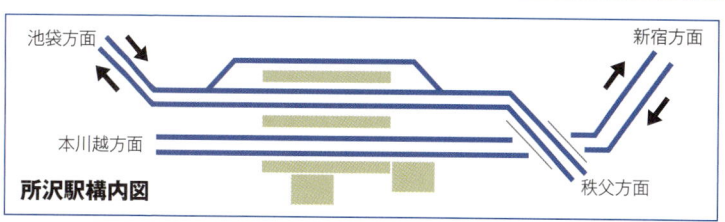

所沢駅構内図
池袋方面／新宿方面／本川越方面／秩父方面

の村山線の乗り入れが開始されます。所沢からは池袋、国分寺、川越、飯能、高田馬場の各方面への列車が発着するようになり、ターミナル駅として機能が強化されていったのです。

西武鉄道関連の商業施設が多数立地

所沢駅は、先のいきさつから高田馬場行きと池袋行きが逆方向に出発します。そのため、初めてこの駅で乗り換える乗客を少なからず戸惑わせます。また、プロ野球公式戦開催時に運転される西武新宿〜西武球場前を運行する列車は当駅でスイッチバックを余儀なくされます。

さて、所沢市は歴史的な経緯から、鉄道とともに発展してきたといっても過言ではありません。所沢駅は西武鉄道関連の商業施設が多数立地しており、さながら西武の企業城下町の様相を呈しています。1986（昭和61）年には駅の東側に西武鉄道本社が移転し、その傾向はますます強くなっていきました。

1979（昭和54）年には市内上山口地区にプロ野球球団・西武ライオンズ（現・埼玉西武ライオンズ）の本拠地である西武ライオンズ球場（現・西武ドーム）が開業しています。埼玉西武ライオンズが好成績を収めると、同駅周辺は埼玉西武ライオンズ一色に染まります。

駅舎は現在橋上建築に改築中で、2013（平成25）年春の完成を目指しています。新しくなった所沢駅がどのようになるのか、興味はつきません。

> **マメ蔵**　**橋上駅舎**……駅舎の形態の一つで、ホーム上部に設置された高架化された駅舎を指します。駅舎は2階部分に置かれ、南北（あるいは東西）に通路を延ばし、双方からのアプローチを可能としています。

2章　西武鉄道の駅のひみつ

飯能駅──駅ビル併設のスイッチバック駅

池袋〜西武秩父間を直通運転する列車は飯能駅でスイッチバックして西武秩父方面へ向かいます。飯能ステーションビルも併設され、近代的な外観となっているのも特徴です。

ホテルが入居する飯能駅舎。埼玉県西部の玄関駅に相応しい威容を誇る

直通列車はスイッチバックして方向転換

　飯能駅は埼玉県西部にある人口約8万人の中核都市・飯能市の玄関駅です。

　池袋線の運行系統上で要となる飯能駅では、東京メトロ有楽町線および副都心線からの直通列車をはじめ大半の列車が折り返しています。飯能駅から先へ行く列車は、特急「ちちぶ」と土曜・休日に運転される快速急行を除き、飯能〜西武秩父間の区間運転となっています。

　このため飯能駅から先は西武秩父線と思われがちですが、正確には吾野が境界駅で池袋〜吾野間が池袋線、吾野〜西武秩父間が西武秩父線です。飯能以西の列車にはセミクロスシートの4000系が充当されることが多く、ここから先は一気にローカル線の雰囲気に変わります。

　飯能駅の最大の特徴は池袋〜西武秩父間を直通する列車が**スイッチバック**して方向転換を行うことです。

関東平野西端部の頭端駅
山越え区間の入口駅だ

2面3線の構内配線。全ホームとも上下線双方への発着が可能となっている

飯能市民の憩いの場である宮沢湖。西武鉄道も自社HPで宮沢湖の観光情報をアップしている

　1915（大正4）年に武蔵野鉄道が池袋から飯能までを開通させ、その後飯能から吾野までを開業したのは1929（昭和4）年のこと。飯能駅がスイッチバックの線形となったのは当時建設中だった八高南線（現・JR八高線）と平面交差しないで接続するためだったと考えられています。八高南線は八王子から東飯能までが1931（昭和6）年に開業し、武蔵野鉄道も同時に東飯能駅を開設しました。

駅ビルを併設した近代的な外観

　駅の構造は行き止まり式の1面1線の単式ホームと2面3線の島式ホームがあり、合計3面4線となっています。このうち単式ホーム部分が特急専用ホームの5番線です。主に池袋方面は1・4番線ホーム、西武秩父方面は2・3番線ホームを使用しています。

　近代的な外観の飯能駅ですが、1992（平成4）年に完成した飯能ステーションビルが併設されています。この駅ビルには商業施設の西武飯能ペペとホテルヘリテイジ飯能sta.（旧・飯能プリンスホテル）が入居しています。構内には売店や飲食店、そのほか飯能市役所の飯能駅サービスコーナーもあります。

> **マメ蔵**　**スイッチバック**……本来は急勾配を緩和するために敷設された線路のことで進行方向を転換しながら進みます。飯能駅の場合は折り返し形と呼ばれ、路線（武蔵野鉄道）の建設時の経緯によるものです。

2章　西武鉄道の駅のひみつ

武蔵横手駅——ヤギの飼育を開始!

西武鉄道では地球環境保護への取り組みとして武蔵横手駅の社有地でヤギを飼育しています。2匹のヤギからスタートしましたが、子ヤギ2匹が生まれ、4匹のファミリーとなりました。

池袋線で乗降人員が最も少ない駅

埼玉県日高市に位置する武蔵横手駅は1面2線の島式ホームを持ち、改札口とホームの間は**構内踏切**で行き来します。2011（平成23）年度の1日平均乗降人員は463人と池袋線の駅では最も少なく、西武鉄道全線でも西武秩父線の正丸駅、芦ヶ久保駅、西吾野駅に次いで第4位の少なさです。武蔵横手駅は1929（昭和4）年に開業しましたが、1954（昭和29）年にいったん廃止。1969（昭和44）年に信号場として再使用され、1970（昭和45）年に復活しました。

ヤギの飼育で年間約176kgの二酸化炭素を削減

駅に隣接する西武鉄道社有地では4匹のヤギがのどかに草を食んでいます。これは二酸化炭素の削減を目的に2009（平成21）年8月から行っ

ヤギ駅長たちが暮らす小屋。プレートにはそら（父）とみどり（母）の名前が入る

草刈りに大活躍するヤギ駅長
鉄道ファンの注目度も赤丸急上昇！

関東山地の中にある武蔵横手駅

草を食む子ヤギたち

駅売店ではハイキング客向けのクマよけ鈴（400円）を販売している

ているエコパートナーのヤギによる草刈りで、西武鉄道が積極的に取り組む地球環境保護に貢献しています。以前は草刈り機を使用して除草していましたが、ヤギを飼育することで年間約176kgの二酸化炭素が削減できることになります。

　ヤギは、オスの「そら」とメスの「みどり」を飼育し始め、「そらとみどりの家」という小屋を設置しました。2011（平成23）年2月にオスの子ヤギ「だいち」が生まれ、「だいちの別荘」も作られました。さらに2012（平成24）年5月にメスの子ヤギも誕生、「はな」と命名されました。ヤギたちは池袋線元加治駅の草刈り（草食べ？）をはじめ出張する機会も多く、特に「だいち」はイベントに参加したり、武蔵横手駅の一日駅長を務めたりと大忙しのようです。普段は武蔵横手駅のホームや2番線に停車中の車内から見学できます。4匹のヤギファミリーの近況や出張予定などは西武鉄道ホームページ内の「ヤギ日記」に掲載されています。

　近年、各鉄道会社は動物駅長を就任させ、駅おこしや街おこしに活用していますが、ヤギ駅長は全国でもここだけの試みで、鉄道ファンのみならず地元の利用者からも注目を集めています。

> **マメ蔵**　**構内踏切**……停車場構内にある道路と交差する踏切と定義されていますが、武蔵横手駅のように地上駅の構内で駅舎とホームを連絡する通路に設けられた踏切も構内踏切と呼んでいます。

2章　西武鉄道の駅のひみつ

芦ヶ久保駅──
ハイキング客の拠点駅

かつては特急停車駅として大いに賑わった芦ヶ久保駅ですが、現在は主にハイキング客が利用します。西武鉄道でも方面別に詳細なコースを案内したハイキングマップを作成しています。

深山幽谷の中にある芦ヶ久保駅。駅周辺には多くのハイキングコースがある

開業当時のまま残る芦ヶ久保駅舎

スケート客で賑わいを見せた特急停車駅

　西武秩父線は全長4,811mの**正丸トンネル**（153ページ参照）を抜けると埼玉県横瀬町の芦ヶ久保駅に着きます。2011（平成23）年度の1日平均乗降人員は341人と西武鉄道全線で正丸駅に次いで少なくなっています。1面2線の島式ホームで駅舎はホームより低い位置にあります。1969（昭和44）年に開業し、1973（昭和48）年には特急停車駅となりました。

　1976（昭和51）年には駅前にあしがくぼスケートリンクが開設され、スケートブームも手伝って大いに賑わいを見せましたが、1998（平成10）年に閉鎖されると特急列車も一部を除き不定期停車となってしまいました。スケートリンクの跡地はしばらく放置されていましたが、2004（平成16）年に道の駅果樹公園あしがくぼとして整備。マイカーや観光バスの利用者も増え、秩父観光の新たな拠点となっています。

首都圏から90分の大自然 1年を通じて多くの ハイキング客で賑わう

駅に隣接して道の駅がある

駅前からは多くのハイキングコースが設定されている

駅隣接の道の駅では名物「すりあげうどん」が堪能できる

丸山山頂を目指すハイキングコース

　芦ヶ久保駅も今ではハイカーが利用する山間の小駅となりました。西武鉄道では観光客誘致のため、標高960ｍの丸山山頂を目指すハイキングコースを設定しています。このコースでは芦ヶ久保駅を出発して、観光果樹農園のあしがくぼ果樹公園村を通り、カタクリの群生やヤマザクラ、ヤマモミジなど四季折々の花々が見られるあしがくぼ山の花道を進みます。上り坂が続く丸山登山道に入り、県民の森などを見学して、山頂の展望台に出ると思わず息を飲む360度の大パノラマが広がります。晴れていれば武甲山をはじめ榛名山や赤城山、浅間山まで望めます。山頂から大野峠を越えると、コース最大の急勾配の下り坂になります。姥神地区を通って国道299号に出るとゴールの芦ヶ久保駅に到着です。11km強の距離を4〜5時間かけて歩くのが理想的です。

> **マメ蔵　正丸トンネル**……西武秩父線正丸〜芦ヶ久保間にある単線のトンネルで、大手私鉄第2位の長さを誇っています。トンネル内には正丸トンネル信号場があり、列車のすれ違いや特急列車の退避も行われます。

2章　西武鉄道の駅のひみつ

西武秩父駅──
土産物店が立ち並ぶ観光の拠点

秩父鉄道への直通運転も行われている西武秩父線の終着駅である西武秩父駅は秩父観光への玄関口です。駅からは飲食店や土産物店が軒を連ねる西武秩父仲見世通りが続いています。

現代的なデザインが魅力の西武秩父駅。開業から43年を経た現在もその魅力は色あせない

スイッチバックも行う終着駅

　埼玉屈指の観光地として知られる秩父の玄関口が西武秩父駅です。西武秩父線の終着駅で単式ホーム1面1線と島式ホーム1面2線の合計2面3線構造となっています。1番線ホームは池袋〜西武秩父間を結ぶ特急「ちちぶ」の専用ホームとして使用。2・3番線ホームは西武秩父線や池袋線、秩父鉄道の三峰口方面の列車が発着しています。

　秩父鉄道へ直通運転される列車は一つ手前の横瀬駅で編成の分割・併結を行い、長瀞方面へは西武秩父駅に入線せずに連絡線を通って秩父鉄道の御花畑駅へ向かいます。一方の三峰口方面へは西武秩父駅に到着した後、スイッチバック（63ページ参照）を行う特殊な運転形態です。

秩父市街地からは石灰石採掘で削られた武甲山を望むことができる

秩父地方の表玄関 仲見世通りは、地場の物産が勢ぞろい

西武秩父駅に隣接する仲見世通り

仲見世では地酒も販売されている

駅から続くアーケード商店街

　西武秩父駅の改札口から続く西武秩父仲見世通りは1991（平成3）年に開業した西武鉄道直営の商業施設です。秩父の名産品や特産品が一堂に会し、食事処や土産物店が軒を連ねています。地酒やワイン、漬物、和菓子、民芸品など土産物をはじめ、秩父そば、わらじかつ丼、むぎとろめし、B級グルメのみそポテトなど秩父の味覚も味わうことができます。全長140mほどのアーケード商店街ですが、休日になると中央付近のふるさと広場では郷土芸能の秩父屋台ばやしなども催されます。この仲見世通りを抜けると秩父鉄道の御花畑駅に着きます。

　観光地に恵まれた秩父では秩父夜祭で知られる秩父神社やいつでも夜祭が楽しめる秩父まつり会館などにも足を運んでみたいものです。また、横瀬駅が最寄りとなりますが、羊山公園芝桜の丘では4月中旬〜5月上旬におよそ40万株の色鮮やかなシバザクラが咲き誇り、例年多くの観光客で賑わいます。

> **マメ蔵** 　**秩父鉄道**……羽生と三峰口を結ぶ秩父本線と貨物線の2路線を所有する鉄道会社。SL「パレオエクスプレス」を運行することでも知られています。西武鉄道からの直通運転は連絡線が開通した1989（平成元）年4月に開始しました。

西武新宿駅──巨大な駅ビルにあるターミナル

日本屈指の規模の鉄道ターミナル新宿にあって、JRや私鉄他社、地下鉄の駅からやや離れて位置する西武新宿駅。そこには関東の私鉄で屈指の駅ビルが構えています。

懸案だった新宿乗り入れ

　新宿線の前身である村山線は、長い間高田馬場駅が起点でした。都心の主要ターミナルへの延伸はずっと望まれていましたが、**山手線**の内側には路面電車と地下鉄以外の私鉄路線の敷設を認めないという政策が障害となり、なかなか実現しません。

　そんな状況が打開されたのは戦後になってからです。社長の堤康次郎の力もあり、高田馬場駅から山手線のすぐ内側に沿って西武新宿駅に至る区間が、1952（昭和27）年に開業。合わせて、村山線は新宿線と改称されました。

個性的な店舗が揃った駅ビル

　やや中途半端な位置となった西武新宿駅ですが、当初は国鉄（現・JR）の新宿駅に乗り入れる計画がありました。1964（昭和39）年に開業した新宿ステーションビル（現・ルミネエスト新宿）には2階北側に西武のホーム用地が確保されていました。ところが、用地の制約からホームの長さが6両分しか確保できないことになりました。そのため、国鉄駅乗り入れを断念することになったのです。

　1977（昭和52）年には地上25階建て高層建築の駅ビルが竣工。これと一体になった高架の駅には、2面3線で頭端式のホームがあり、ターミナル駅にふさわしいものとなっ

新宿プリンスホテルが入居する西武新宿駅。レンガタイルの瀟洒な外装は大いに話題を集めた

プリンスホテルを併設した高層駅舎 JR新宿駅とは地下道で直結

2章 西武鉄道の駅のひみつ

頭端式2面3線の駅構内。特急「小江戸」は中央部の2番線から発着する。池袋駅のような特急ホームと一般ホームの間の中間改札はない

渡り線を通って西武新宿駅に入線する急行電車

西武新宿駅の中央改札口。北側には歌舞伎町へのアクセスを目的とした改札口がある

ています。

　現在駅ビルは地下2〜地上8階がショッピングセンター「西武新宿ペペ」で、それより上は新宿プリンスホテルです。1・2階には衣料品店、カフェなどが入ったアメリカン・ブルバードもあります。また、駅の東側には日本最大の歓楽街である歌舞伎町が広がっており、終日多くの人で賑わっています。

　このように独自のキャラクターを見せる西武新宿駅ですが、他社の新宿駅と比べ立地の悪さは否めません。2011（平成23）年度の1日平均乗降客数は170,822人で、山手線に接続する高田馬場駅の287,153人と大きく引き離されています。ターミナル駅としての貫禄に欠けますが、新宿への混雑の集中が避けられているのは幸いかもしれません。

マメ蔵　山手線……東京都心部の環状路線である山手線の内側で、地上を走る私鉄路線は現在も西武新宿線だけです。京成上野駅も山手線の内側ですが、日暮里駅との間は地下になっています。それ以外の私鉄で山手線の内側へ乗り入れるのは、地下鉄との直通運転のみです。

高田馬場駅——
橋上スペースの拡大で混雑緩和

京成の日暮里駅とともに、始発駅とは別に山手線への乗り換えのメインの役割を担う、西武新宿線の高田馬場駅。多くの乗降客に対応した工夫がなされています。

有効に活用する2面のホーム

　西武新宿線の上り電車は、下落合の方から来て山手線のガードをくぐり、大きく右にカーブしながら勾配を上り、高田馬場駅に到着します。ホームは山手線と平行に並び、配置は2面2線です。そのうち1面は上下の線路の間にある島式で、もう1面は片面で上り線の外側にあります。

　番線は山手線と連続して振られ、島式ホームが3番線（下り）と4番線（上り、朝のラッシュ時の降車専用）、片面のホームが5番線（上り）です。西武新宿駅より山手線への乗り換えに便利な立地で、東京メトロ東西線にも接続するこの駅は、新宿線で乗降人員が最大になっています。朝のラッシュ時の上り列車のたくさんの降車客を、4番線と5番線の両方でさばくというわけです。ただし、4番線には4ドア車に対応したホームドアを設置しているので、3ドア車は5番線側のドアしか使用できません。

夕方の高田馬場駅ホーム。2面2線を有効に活用して多くの乗客をさばいている

3階部分にあるコンコースは近年拡大された

JRとの通し番号でホーム番号は3～5

　ホームの配置に象徴されるように、ラッシュ時を中心とした乗り換え客が多いこの駅、ホームの中間と池袋側の2箇所に山手線との乗り換え口があります。かつて、朝の混雑は尋常ではなかったのですが、1990年代以降の改修により中間の乗り換え口が大幅に拡張されました。

　また、ここはもともと山手線との連絡改札口しかなかったのですが、現在は戸山口があります（使用できるのは7時～22時）。さらに、隣接する総合レジャー施設「BIG BOX」（198ページ参照）には専用改札口があり、施設利用者を中心に多くの乗客が利用しています。これらの効果により、人の流れもかなりスムーズになりました。

　最近のこの駅の話題は**発車メロディ**です。2012（平成24）年10月から、坊主頭の少年のCMでおなじみの地元・食品会社マルコメのCMソングを流しています。

　ちなみに、ホーム番号が3～5となっているのは、JRとの通し番号になっているからです。かつては、同一構内にあれば国鉄（現・JR）と私鉄で通しのホーム番号を設定することが多かったのですが、近年では珍しくなっています。

新宿線のターミナルとして機能
「マルコメみそ」の
発車メロディが話題に

4番線にはホームドアを設置し、朝ラッシュ時以外は閉め切っている

午後の改札口。駅の東側には学生街が広がり若者の利用も多い

> **発車メロディ**……2012（平成24）年10月に始まった、マルコメのCMソングによる発車メロディは、1970年代からテレビやラジオで親しまれているものです。一方の山手線の高田馬場駅の発車メロディには、鉄腕アトムのテーマソングが使用されています。

鷺ノ宮駅――
折り返し列車も設定されていた急行停車駅

鎌倉時代からの古社、鷺宮八幡神社から北へ約100mの所に立地する鷺ノ宮駅。この由緒ある名称の駅は、新宿線の通勤輸送で重要な役割を果たしています。

2面3線の鷺ノ宮駅(下井草駅寄り)。中線は現在下り優等列車が使用し、各駅停車と緩急結合する

下り線のみ待避可能な配線

　高田馬場を出た新宿線の通勤急行、急行、準急が最初に停車するのが鷺ノ宮駅です。東京都中野区の住宅地に立地する、この駅のホームの配置は、2面3線です。同じ3線でも、中井駅などのように中線を上下線で共用するのではなく、下り線は島式の2線、上り線は片面の1線を使用します。下り線の方は島式の内側にある**2番線**がメインで、外側の3番線が待避(追い越される)列車用です。このように通常は上下線は全く独立して使われているのですが、2番線と1番線も線路はつながっています。

　現在のダイヤには設定されていませんが、かつては2番線を使ってこの駅で折り返す区間列車もありました。ちなみにこの時期の中線は貫通しておらず、頭端式となっていました。

2面3線の配線で現在も中野区北部の拠点駅として機能

改札口周辺。1979年に橋上駅舎となった

都立家政駅寄りの配線。中線は下り専用となっているが、現在も渡り線で上り線とつながっている

南方向徒歩3分のところには、西武鷺ノ宮フィットネスクラブがある

野方～井荻間は連続立体化の可能性も

この駅の駅舎は1979（昭和54）年にリニューアルされ、橋上構造になりました。その位置はホームの所沢側に寄っていて、すぐ近くを南北に通る中杉通りへアクセスしやすくなっています。駅に隣接するバス停からは池袋線の中村橋駅やJR中央線の阿佐ヶ谷・荻窪駅行きの路線バス（関東バス）が運行されています。

周辺は住宅や商店が密集しているうえ、すぐ南側を川が流れているので、駅の各施設の配置にはかなり苦労したようです。例えば、2面あるホームの位置は40mほど前後にずれています。近年の動きとしては、定期券発売所が2010（平成22）年、西武観光鷺ノ宮案内所が2011（平成23）年にそれぞれ営業を終了しました。

西武新宿線は中井～野方間の連続立体化の都市計画が決定していますが、さらに野方～井荻間も東京都の事業候補区間となっているので、将来はこの駅も大きく変貌する可能性があります。

ちなみに、かつて西武新宿線の西武新宿～上石神井間の地下に急行線を増設する計画がありましたが、鷺ノ宮駅の地下にも駅が設けられる予定でした。

> **マメ蔵　2番線**……2011（平成23）年3月の東日本大震災の後、各鉄道会社では計画停電にともなう節電ダイヤを組みました。その際西武新宿線においては西武新宿～鷺ノ宮間の区間運転が実施され、鷺ノ宮駅の2番線を使って折り返しました。

2章　西武鉄道の駅のひみつ

上井草駅──
ガンダムのモニュメントで話題に

西武新宿線の下り各駅停車に乗り、急行停車駅である上石神井駅の一つ手前となるのが上井草駅。ごく普通の中間駅だったのですが、近年はアニメファンの聖地となっています。

各駅停車だけが止まる駅

　上井草駅のホームは対向式の2面2線で、通過列車を待避する線路も渡り線もありません。下りの1番線と上りの2番線の間には地下道も跨線橋もなく、改札内で両者の間を移動することはできない構造です。

　ちょっと不便に感じられますが、どちらのホームも改札口に直結し、道路との高低差もわずかなので、エレベーターやエスカレーターも不要です。これは、かえって人にやさしい駅ともいえます。

　駅は市街地の中にあり、2つの踏切に挟まれた、ぎりぎりのスペースにホームを設けています。そのため、8両編成に対応しているものの、停車時は先頭部が若干ホームからはみ出すという、面白い光景が見られます。

かつて上井草駅の南側にあった上井草球場(昭和20年代に撮影)。戦前はプロ野球チーム・セネタースの本拠地、1945～1952年には東京六大学野球の試合が開催されていた　写真提供：野球体育博物館

上井草は7つのアニメ製作会社が置かれたアニメの町

　そんな上井草駅ですが、2008(平成20)年3月から一躍脚光を浴びることになります。南口(下り線側)の駅前に人気**アニメ**『機動戦士ガンダム』のモニュメントが立ち、発車メロディも『機動戦士ガンダム』のテーマソングになったのです。発車メロディは、下りと上りで同じ歌の別の部分を使っています。

　これは、『機動戦士ガンダム』のアニメ製作会社、(株)サンライズが東京都杉並区上井草、駅から150mほどのところに立地するのにちなんだものです。駅周辺には、ほかにも7つのアニメ製作会社があり、上井草商店街では「アニメタウンかみいぐさ」と名づけ活性化を図っています。モニュメント設置は、上井草商店街振興組合による署名活動で実現しました。

　また、駅の売店のシャッターにもガンダムのイラストがペイントされていますが、売店が閉店している時間帯しか見ることはできません。

　ちなみに、かつて駅南側には上井草球場という野球場がありましたが、こちらは旧・西武鉄道が親会社のセネタースという球団が本拠地としていました。両翼：100.6m、中堅：118.9mという当時としては大きなフィールドを持ち、プロ野球のみならず学生野球も開催されていましたが、1959(昭和34)年に閉鎖。現在は杉並区のスポーツ施設「上井草スポーツセンター」となっています。

閑静な住宅街にある上井草駅はかつてプロ野球本拠地の最寄り駅だった

南口駅前広場に立つ「機動戦士ガンダム」像

売店のシャッターにもガンダムがペイントされている

> **マメ蔵**　**アニメ**……この地域はアニメゆかりの地であることから、杉並アニメーションミュージアムも開設され、日本のアニメの歴史、これからのアニメなどを紹介しています。所在地は杉並区上荻、杉並会館内で、アクセスは上井草駅から西武バスで約7分です。

上石神井駅──車両基地がある運行上の拠点駅

西武新宿線において、東京都区内で最も西にある急行停車駅が上石神井駅。多くの利用客で終日賑わう一方で、列車運行の面でも興味深い駅です。

ホームからは上石神井車両基地の様子がつぶさに観察できる

3本の線路に4つの番線

　高田馬場駅を出た下り急行列車が2番目に停車するのが、上石神井駅です。ここは島式のホームが2つある2面3線の線路配置で、中間の線路は両方のホームに接し、上下線両方における「追い越し」の際の待避線の役割を持っています。中線を通過列車が使う中井駅と逆のパターンです。

　構内には上石神井車両基地が併設されており、多くの電車が留置されています。また、車両が出入りする様子をホームから見ることができます（車両基地への出入りは下りホームに隣接した側線を経由して行われます）。

　番線は下りが1・2、上りが3・4。中線の両側が2番線と3番線になっています。駅舎は東西に通る線路をまたぐ橋上構造で、南北にある出口のうち南口にはかつて西武セゾングループ（西武流通系）だったスーパーの**西友**上石神井店が隣接し、帰宅時の買い物に便利です。

1日あたりの乗降客は沿線第3位の42,287人 北側には保線用車両の留置線も

車両基地の内部は駅外部からも見ることができる。高田馬場駅寄りには安全祈願の祠も設置されている

中線からは西武新宿方面への折り返し電車が発着する

旧タイプのホーム番号掲示板が残る

始発列車のある駅

　この駅のもう一つの重要なポイントは、始発・終着列車があることです。ここから都心側が特に輸送需要が高いというわけで、中線（2・3番線）を使って区間列車が折り返します。また、駅に上石神井車両基地が隣接し、折り返しではなく入庫・出庫する区間列車もあります。

　通勤の際は早めに駅に行けば、始発列車で座ることもできます。ただし、始発列車が設定されているのは、朝（上下列車）と深夜（上りのみ）の各駅停車のみです。

　列車運行の面でも重要な役割を担う上石神井駅。2011（平成23）年度の1日あたりの乗降客は42,287人と、東京都区内の新宿線で西武新宿駅と高田馬場駅に次ぐ数を誇ります。周囲は住宅地で道路の幅が狭いにもかかわらず、南北両方の駅前を多くの路線バスが発着し、その情景は郊外型の駅と大きく異なります。

> **マメ蔵　西友**……もともとは西武グループの西武百貨店系列のスーパーマーケットでしたが、現在はアメリカのショッピングセンター・チェーンの大手、ウォルマートの子会社となっています。2012（平成24）年7月現在の店舗数は全国で368です。

航空公園駅――
駅舎は飛行機がモチーフ

日本の航空発祥の地といわれる所沢市内にある航空公園駅は、まさに「名は体を表す」駅。駅舎も駅前も、航空ファンにとって魅力がいっぱいです。

航空ゆかりの地の駅

　航空公園駅の開業は1987（昭和62）年で、1994（平成6）年開業の池袋線練馬高野台駅に次ぐ、西武全線で2番目に新しい駅です。駅名はすぐ東側にある**所沢航空記念公園**に由来しています。航空公園は、埼玉県内でも有数の規模を誇る都市公園で、園内には芝生広場、人工池、森林ゾーン、子供向けのアスレチックなどさまざまな施設があり、土日には多くの利用者が訪れます。

　ホームは相対式の2面2線で、駅舎は橋上です。列車は特急と通勤急行が通過し、急行、準急、各駅停車が停車します。駅の機能としては平凡なのですが、駅舎の形状が航空機「アンリ・ファルマン号」をイメージしたものであることが、見逃せません。

【右】駅前広場にはYS-11の廃機体が置かれている
【下】尾翼をモチーフとしたモニュメントが立つ航空公園駅

【左】橋上駅舎で、コンコースには広々としたスペースが確保されている
【下】雑貨店のアンリーファルマンエアポート

日本の航空発祥地は都市公園として整備 駅前には名機YS-11が鎮座

駅前に鎮座するYS-11

　東口（上り線側）の駅前はゆったりとしたロータリーになっていて、その脇はもう航空公園。展示されている国産旅客機YS-11が間近に見えるのも、この駅の名物となっています。旅客機としては小型のYS-11ですが、地上で実際に見るとなかなかの迫力です。ちなみに、この機体はエアーニッポンで1997（平成9）年まで使われていたもので、現役引退後航空自衛隊入間基地まで飛行してきて、そこで一度分解のうえ搬入されました。特定の日には内部が公開されます。

　また、駅構内にある店舗には、アンリーファルマンエアポート（雑貨店）、アンリーファルマンカフェバル（カフェ）、アンリーファルマンベーカリー（パン店）といった名称のものがあり、気分が盛り上がります。

　まさに航空一色の雰囲気の駅ですが、周辺には日本大学芸術学部所沢キャンパス、所沢市の各種行政機関もあり、それらも合わせ文化の香りに満ちています。

> **マメ蔵　所沢航空記念公園**……日本初の飛行場が1911（明治44）年にできたことから、所沢は「日本の航空発祥の地」と呼ばれ、そこで当初使われた飛行機のうち1機の名が「アンリ・ファルマン」です。飛行場跡地は現在、所沢航空記念公園となっています。

本川越駅──小江戸川越の表玄関

美しい町並みなどで行楽客の人気を集めている川越で、市街地中心部にある西武新宿線本川越駅。現在は近代的な駅ビルを構えているこの駅は、19世紀以来の長い歴史を歩んできました。

1991年に改築された本川越駅舎。駅舎の規模はJR・東武鉄道の川越駅にひけを取らない

川越の「本家」の駅

　西武新宿線の起点が西武新宿駅だということは誰もが知っていますが、終点が本川越駅だということは、ご存じない方も多いのではないでしょうか。

　川越市の中心部には、JR川越線の川越駅、東武東上線の川越駅と川越市駅もあります。これらのうち、市役所などがある中心部に最も近く、最も早い1895（明治28）年に開業したのが、この本川越駅です。当初の駅名は川越でしたが、後から川越線の川越駅が開業し、本川越に改称したという、面白いエピソードもあります。

　ちなみに、JRと東武の川越駅は隣接していますが、西武の駅はやや離れ、他社との乗り換えの面では若干不利なロケーションにあります。1991（平成3）年にはステーションビルが開業し、ターミナル駅の風格を備えるようになりました。

駅ビルはターミナル駅の風格
旧市街も至近

【左】本川越駅のコンコース。観光都市にふさわしい広大なスペースを持つ 【上】埼玉西武ライオンズのサテライトショップも入居する

　また、2007（平成19）年には今上天皇と皇后両陛下がスウェーデン国王とともに、川越市内観光を行いましたが、その際西武鉄道を利用して同駅を訪れ話題となりました。

　2012（平成24）年には、観光地川越の表玄関であることをアピールするために、副駅名として「時の鐘と蔵のまち」が付けられています。

他社と離れた独自の立地

　さて、川越で最古となるこの駅は、過去に移転やホームの増減をしてきましたが、現在は頭端式で2面3線という配置で、中間の2番線は2面のホームの両方に接しています。

　また、西武新宿駅からずっと複線の新宿線は、この駅の手前900mの所にある脇田**信号場**から単線になっています。この路線に単線区間があることを意外に思う人も多いことでしょう。これは、途中にJR川越線と東武東上線の高架線と立体交差する箇所があり、複線を設ける用地が確保できないという事情によるものです。

　現在、出口はJRや東武の駅の反対側となる先端部にあるだけですが、それとは別に西口を新設し、そこと川越市駅を結ぶ道路を拡幅し、合わせて駅前の広場も整備する構想があります。将来この駅がどのように変貌していくのか、興味はつきません。

本川越駅を出発すると、線路はすぐに単線となる

> **信号場**……旅客などの営業をしない場所にポイントや信号を設置し、運転関係の取り扱いをする施設が信号場です。西武には私鉄としては多くの信号場があり、新宿線には南入曽車両基地への線路が分岐する南入曽信号場、複線と単線の境となる脇田信号場があります。

国分寺駅──二層ホームの拠点駅

2つの支線が別々の方向から乗り入れる国分寺駅は、西武鉄道の都心部以外で最も乗降客数が多い駅。ホームの配置が非常にユニークなことでも知られています。

国分寺線のホーム。車両は2000系の4両編成

かつては国分寺線とJR中央線の間の渡り線があったが、現在は廃止されている

線路がつながっていない2つの路線

　国分寺駅にはJRの中央線、西武の国分寺線と多摩湖線の3路線が乗り入れています。中央線のホームは地上の2面4線で、そのすぐ北側に国分寺線の1面1線のホームがあります。ここまでの番線は順に1～5で、2社の駅がひとつにまとめられたという印象です。

　一方多摩湖線は2階の高さで、中央線および国分寺線のホームに対し斜めの向きに、1面1線のホームがあります。これは以前2線で6・7番線だったのですが、ホームの延伸にともない6番線側を廃止したため、これを欠番とし現在は7番線のみです。

　国分寺線と多摩湖線の線路はつながっていません。また、駅番号も前者がSK01、後者がST01と別々になっています。大手私鉄の2つの単線路線が来ているというのも、この駅の面白いところです。

JR中央線、西武国分寺線・多摩湖線が乗り入れるターミナル

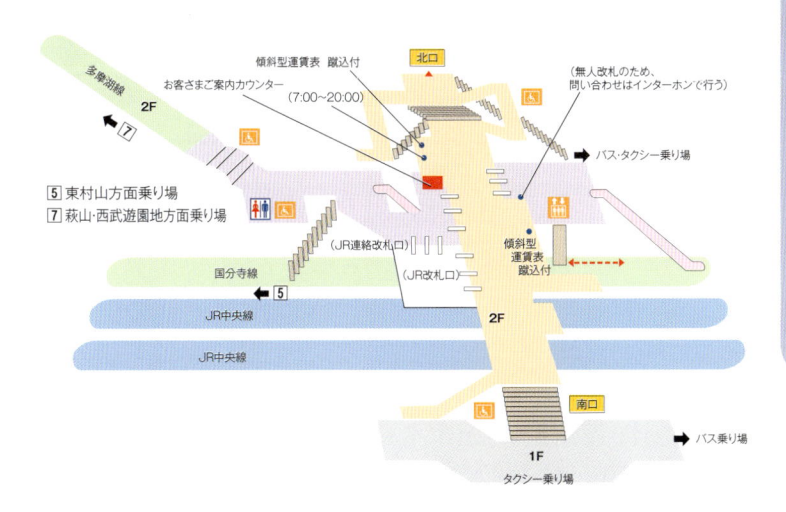

```
                    傾斜型運賃表 蹴込付         北口
         多摩湖線  お客さまご案内カウンター           (無人改札のため、
          2F        (7:00〜20:00)               問い合わせはインターホンで行う)
          ↑
          7                                    → バス・タクシー乗り場
  5 東村山方面乗り場
  7 萩山・西武遊園地方面乗り場
                              (JR連絡改札口)
                                       傾斜型
                 国分寺線                 運賃表
                              (JR改札口)  蹴込付
                        5
                  JR中央線           2F
                  JR中央線
                                     南口
                                              → バス乗り場
                                    1F
                                 タクシー乗り場
```

JRと一体化した巨大駅

　この駅が珍しい線路配置になっているのには、国分寺線はもともと川越鉄道だったのに対し、多摩湖線は多摩湖鉄道から武蔵野鉄道を経て西武になったという、それぞれの生い立ちが背景にあります。なお、両線のホームの間を、**改札**を通らずに行き来することは可能です。連絡通路には売店「TOMONY」やトイレが設けられています。

　乗り入れるのは単線の2つの路線ながら、JRの動脈中央線との乗り換え駅だけあり、2011（平成23）年度の1日平均乗降客数は112,056人と、池袋、高田馬場、西武新宿に次いで西武全線で第4位の座にあります。駅舎はJRと一体の橋上型で南北を結ぶ自由通路もあり、南北両方の駅前から多くの路線バスが発着。国分寺市の代表駅、地域の核としての貫禄を見せています。

　ちなみに、かつての川越鉄道と甲武鉄道（現・中央線）の線路はつながっており、貨車の受け渡しが行われていましたが、現在は渡り線がなくなり相互に列車が乗り入れることは不可能となっています。

> **マメ蔵　改札**……西武の国分寺駅の改札は、自由通路の両サイドにあるほか、JRとの間を外に出ずに移動できる連絡改札があり、もちろん、いずれも自動改札化されています。改札と多摩湖線ホームの間には階段やエスカレーターはなく、通路の途中にスロープがあります。

西武鉄道の車両基地は どんなところにある？

車両のメンテナンスや駐泊の設備の名称は、鉄道会社によって異なります。西武には工場にあたる車両検修場と、電車区にあたる車両基地の2種類があります。

最新設備による徹底的な車両の検査

　下り列車に乗り池袋線の東飯能駅を過ぎると、左側の車窓に数多くの線路や大きな建物がある設備が見えてきます。その名は武蔵丘車両検修場。定期的に実施する車両の大がかりな点検整備（4年ごとの重要部検査、8年ごとの全般検査）を行う、西武の車両メンテナンスの中枢を担う拠点です。

　開設されたのは2000（平成12）年、敷地は約85万㎡におよび、ロボットなどの最新の機器を導入。点検整備をする能力は年間480両で、26両を同時に実施することができます。また、近くに団地があるので、騒音や排水など環境面への影響を最小にする工夫もなされ、環境マネジメントの国際規格ISO14001の認証を取得しました。

関東山地の山懐に抱かれた武蔵丘車両検修場

車両の留置や検査を行う車両基地 一般公開時には鉄道ファンで大賑わい！

2章　西武鉄道の駅のひみつ

保谷電留線。留置線は北側に大きくカーブしている

小手指車両基地。多くの形式が一堂に会するシーンを見られるのも車両基地の魅力だ

大小の設備による分担

　大がかりな点検整備を担当する武蔵丘車両検修場に対し、より日常的な点検やメンテナンス、車両の駐泊などを行うのが車両基地です。武蔵丘にもこれが併設されているほか、小手指、横瀬、上石神井、南入曽、玉川上水、白糸台、山口（西武球場前駅に隣接）にあります。また、横瀬車両基地には現役を引退した電気機関車など貴重な車両を保管しており、不定期で車両公開イベントが行われることもあります。

　西武の電車の日々安全な運行は、車両検修場と車両基地、それぞれが役割を分担して支えているのです。

施設名称	最寄駅	開設年	最大留置両数	面積
武蔵丘車両基地	東飯能駅	1988年	160両	41,000m²
小手指車両基地	小手指駅	1966年	433両	64,930m²
上石神井車両基地	上石神井駅	1928年	152両	28,560m²
横瀬車両基地	横瀬駅	1970年	—	10,392m²
南入曽車両基地	新所沢駅	1969年	250両	68,090m²
玉川上水車両基地	玉川上水駅	1990年	128両	41,114m²
白糸台車両基地	白糸台駅	1917年	20両	4,920m²
保谷電留線	保谷駅	1922年	88両	19,990m²
池袋線車両所山口車両基地	西武球場前	1985年	12両	—

> **マメ蔵**　**白糸台車両基地**……西武多摩川線の車両のメンテナンスを受け持つのが白糸台車両基地ですが、重要部検査と全般検査は武蔵丘車両検修場で実施します。その際、車両は武蔵境と新秋津の間を中央線・武蔵野線経由で、JRの機関車が牽引して回送します。

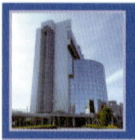

西武鉄道の発車メロディには どんなものがある？

近年鉄道会社を問わず、駅の発車メロディが普及しています。西武ならではの選曲がなされたものもあり、電車による毎日の通勤や通学も楽しくなりそうです。

駅に流れるおなじみの音楽

　西武鉄道には基本となる発車メロディのパターンがあり、路線別、上下線別に使い分けているのですが、それとは別に一部の駅では、「ご当地」もののメロディを採用しています。

　例としては、高田馬場駅（72ページ）の「マルコメみそ」のCMソング、上井草駅（76ページ）の『機動戦士ガンダム』のテーマ曲のほかに、アニメソングとしては大泉学園駅（58ページ）の『銀河鉄道999』があります。西武には同アニメのラッピングトレインも登場し、大きな話題になりましたが、夢を与えてくれる企画はファンにとってうれしいものです。

　それ以外のテレビ関係の例は本川越駅（82ページ）で、川越を舞台にしたNHKのテレビドラマ『つばさ』にちなみ、そのテーマ曲「愛の季節」です。

『銀河鉄道999』のラッピングトレイン。作者の松本零士氏が大泉学園駅周辺に在住。西武鉄道のイメージアップに貢献している

© Leiji Matsumoto, SEIBU Railway Co., LTD.

洗練された発車メロディは
西武鉄道の駅のイメージを一新!

大泉学園駅のホーム。1979年に公開された映画の主題歌が奏でられる

西武ドームの最寄り駅である西武球場前駅と西所沢駅では「吠えろライオンズ」が使用される

野球応援歌から童謡まで

　鉄道および野球の西武ファンにとって、忘れてならないのは西武球場前駅と西所沢駅。ともに応援歌「**吠えろライオンズ**」を発車メロディとしています（西所沢駅は狭山線が使用する1・2番線のみ）。また、狭山市駅は2010（平成22）年に橋上駅舎化した時から、童謡「七夕さま」が流れています。これは、関東三大七夕祭りのひとつ「入間川七夕まつり」が、毎年8月に開催されるのにちなんだものです。

　かつて駅で列車の発車や接近を知らせる合図は、けたたましく鳴るベルやブザー、あるいは車掌が吹く笛というのが相場でした。警告の効果としてはそれでよかったのですが、やはり近年普及した発車メロディは心地よく耳に入ります。今後はどんなメロディが登場するか、楽しみです。

> **マメ蔵**　**吠えろライオンズ**……1996（平成8）年に制定された埼玉西武ライオンズの球団歌。7回裏の攻撃前に球場内に流れる。「シンデレラサマー」で一世を風靡した女性シンガー・石川優子氏が作詞・作曲を担当したことでも話題となった。

3章
西武鉄道の車両のひみつ

写真提供：大野雅人

西武鉄道の車両は多くのバリエーションが存在することで知られています。昭和30年代後半に開始された車両の高性能化は昭和50年代に完了。昭和時代末期からは車両の軽量化を目的に車体をステンレス・アルミとし、車両の雰囲気は大きく変わりました。この章では現有全形式と、過去の名車両をピックアップして紹介します。

西武鉄道現有車両一覧

4000系

10000系 写真提供：大野雅人

2000系 写真提供：石塚純一

20000系

新2000系

9000系

6000系

3章 西武鉄道の車両のひみつ

30000系

新101系

3000系

8500系

スマイルトレインの愛称を持つ人気車両
新世代の通勤型車両30000系

30000系は2008（平成20）年に登場した西武鉄道の最新鋭車です。「スマイルトレイン」の愛称を持つ本形式は、女性の感性を車両デザインに反映させるなど、これまでにない斬新なスタイルが話題となっています。

西武鉄道の主力として末長い活躍が期待されている30000系

たまごをイメージしたキュートなデザインが人気

　2008（平成20）年、西武鉄道に丸味を帯びたユニークなスタイルの電車・30000系が運転を開始しました。昭和40年代に製造された3扉車の代替用車両として設計され、「人にやさしく、みんなの笑顔をつくりだす車両」というコンセプトによって開発され、「スマイルトレイン」の愛称が与えられました。

　車体デザインはたまごをモチーフにしており、車内の座席袖の仕切りとつり革の形状も丸味を帯びたものとなっています。通常、車両のデザインや装備などは専門の担当スタッフによって行われますが、この車両の開発にあたっては専門以外の女性社員や車両以外の部署のスタッフもプロジェクトに多く加わっています。

　西武鉄道新時代を感じさせるデザインは、構想発表時から大いに話題を集めました。特に前面と側面の青と緑のグラデーションラッピングは鉄道のカラーリングとしては極めて斬新なもので話題となりました。座席は帝

鉄道車両の統一規格化に抗い導入した独自設計
丸味を帯びた斬新なスタイルが大人気

車内デザインもこれまでの西武通勤型電車の伝統を打ち破る斬新なスタイル

人ファイバー製の「エルク」と呼ばれるウレタン樹脂素材のものが採用されていますが、腰の負担が少ないことから乗客にも好評です。また、優先席にはハートがデザインされています。鉄道ファンもさることながら、やはり一般客、とりわけ女性の評判はすこぶるよく、登場以後は子供の人気も高くなりました。西武のイメージを打ち破るデザインの新型車に乗りたいという一般の乗客も多かったとのことです。2009（平成21）年には鉄道車両としては初めてとなるキッズデザイン賞を受賞しています。

最新鋭の走行装置を採用

30000系は**アルミ**ダブルスキン車体、VVVFインバータ制御で回生ブレーキを装備しています。車両メーカーは日立製作所で、2007（平成19）年から8両編成が毎年2～3本増備されています。また、2008（平成20）年と2012（平成24）年には2両編成が3本ずつ製造されています。

基本編成の8両編成にはモーター付きの電動車（モハ）が4両あり、飯能／西武新宿方から2・3・6・7号車に編成されています。付属編成は増結用として製造されたもので、現在のところ池袋線系統の限定運用で、2両編成単独での運用はありません。1号車がモーター車（クモハ）、2号車はモーター無し（クハ）となっており、クモハにはパンタグラフ2基を搭載しています。

> **マメ蔵**
> **アルミ車体**……かつて、ほとんどの電車は鋼製車体でしたが、近年は軽くて加工しやすいステンレス車やアルミ車が増えました。未塗装車が多いですが、新幹線のように塗装したアルミ車もあります。

日立製作所のAトレインがベース 地下鉄乗り入れ車20000系

2000（平成12）年に登場した20000系は、軽量化を目的にアルミ車体を採用するとともに、電力回生ブレーキを装備するなど省エネを意識した車両です。無塗装アルミに青帯をまとった精悍なイメージが人気の車両です。

Aトレインをカスタマイズ

　1999（平成11）年から製造が開始された20000系は、101系初期車などの置き換えとして製造が開始された車両です。フロント下部のブルーストライプが外観上の大きな特徴となっています。

　製造は日立製作所で、同社のAトレインをベースとして開発されました。Aトレインは各鉄道会社の車両開発費抑制の要望に応えて同社が開発した規格で、基本的な部分を共通設計としつつも、カスタマイズも可能な構成となっています。AはAdvanced、Amenity、Ability、Aluminumからとっており、文字通り次世代アルミ車両の新しいシステム化を目指した発想の車両を表しています。

　車体はダブルスキン構造のアルミ製とされました。車体製造には摩擦攪拌接合（摩擦熱を用いて接合する技術）を採用。従来の溶接工法より接合面の強度が向上しています。さらに、車体製造と並行して内装の組み立て・設置を並行させる、モジュール組立工法も採用。工期短縮やコスト削減な

ライオンズブルーを身にまとう20000系

妻面の窓からはダブルスキンアルミニウムの車体が見てとれる

サンシャイン60をバックに走る20000系

スマートなデザインの無塗装アルミ車体 ランニングコストを重視したメンテナンスフリー車

どが図られ、後の内装更新時も改造時間が短縮でき、コストパフォーマンスにも優れています。さらに今後の熟練技術者の減少などにも対処できるなど、これからの車体製造の流れをトータルに考慮したシステムです。

後期車では30mmの低床化を実施

20000系は最新鋭の30000系と比べるとあっさりとした印象ですが、本形式のテーマ「環境と人にやさしい」、コンセプトの「シンプル＆クリーン」にマッチした洗練されたデザインが採用されています。主幹制御器には西武鉄道では初となるワンハンドルマスコンが採用されました。それまでの車両はブレーキとマスコン（自動車のアクセルに該当）のハンドルが別々にありましたが、これが1つにまとめられ、走行時には奥に倒しノッチを入れ、減速時には手前に倒しブレーキを入れるという構造です。ノッチは4段階、ブレーキは8段階あります。また、後期車では床面を30㎜低くしホームとの段差を解消しています。

登場当時は新宿線での限定運用でしたが、2002（平成14）年からは池袋線でも使用されるようになりました。また、2010（平成22）年には池袋〜西武秩父間の快速急行での運用が開始され、秩父線への入線が開始されました。編成は10両編成（5M5T）と8両編成（4M4T）の2種類がありますが、短編成仕様がないため4〜6両編成が用いられる支線区への入線はありません。

> **マメ識 補助電源装置**……走行以外に使用する電気を供給する装置で、冷暖房機器や車内照明、扉の開閉、車内モニターなどに使用するものです。三相交流で出力するために架線などからの電気を変換しています。

観光・ビジネスに大活躍！
看板車両10000系

2代目特急レッドアロー10000系は、抑速ブレーキ付き発電ブレーキを踏襲するなど山岳路線の特性にあわせたスペックが採用されています。池袋線系統の「ちちぶ」「むさし」、新宿線系統の「小江戸」を中心に活躍中です。

1993（平成5）年から、日立製作所で製造が開始された10000系。写真提供：大野雅人

グッドデザイン賞を受賞

　10000系は老朽化していた初代レッドアロー5000系の置き換え用車両として1993（平成5）年に登場しました。設計コンセプトは「ゆとりとやすらぎの空間」。直線的なイメージの強い5000系に対して、本形式はやや丸みを持った先頭部のデザインが採用されました。また、塗色にもグレー系の濃淡の3色＋赤帯が用いられ、どちらかといえばやさしい雰囲気を持った特急車として仕上がりました。編成は5000系の6両編成から7両編成に増強しましたが、その分座席数を減らしゆとりのある空間を実現、シートピッチは140mm拡大して1,070mmとなりました。

　初代の5000系が鉄道友の会の**「ブルーリボン賞」**を受賞したのに対し、10000系は通商産業省（現・経済産業省）がデザイン性に優れた工業製品に授与する「グッドデザイン賞」に選定されています。

　NRA＝New Red Arrowの愛称が与えられ、同年12月に新宿線に新

西武鉄道の新・フラッグシップ車
車齢を感じさせない魅力的な車体

【左】日本人の体格向上に合わせてシートピッチも拡大された
【上】洗面所もこぎれいにまとめられている

設された特急「小江戸」で運転を開始しました。新宿線で定期の特急列車が運転されるのはこれが初めてでした。

山岳路線に対応するハイスペック車

10000系が走行する西武秩父線は勾配が続く区間となっているため、抑速ブレーキが装備されています。抑速ブレーキは自動車のエンジンブレーキと同様、停止させることが目的ではなく下り勾配時に速度が上がりすぎることを抑えるものです。

2003（平成15）年に追加製造された10112編成では、VVVFインバータ（使用素子がIGBT）に変更されており、走行音がその他の編成と異なります。パンタグラフ装備車は2・5・6号車の3両ですが、VVVF編成の10612（モハ）だけは未装備です。

本形式は西武を代表する形式として、さまざまなイベント列車に使用されてきましたが、2007（平成19）年に西武新宿～本川越間で運転された10108編成が「お召し列車」（皇族がお乗りになる列車）として運転された際には、大きな話題を集めました。

登場当時は喫煙車が設定されていましたが、2006（平成18）年に廃止されています。2009（平成21）年からラッピング車両が登場し、長瀞町の観光用や、旧5000系そっくりのレッドアロー・クラシック（162ページ参照）が人気を集めています。

> **マメ蔵　ブルーリボン賞**……ブルーリボン賞は1958（昭和33）年に制定された賞で、鉄道ファンの全国組織である鉄道友の会の会員投票により、前年に営業開始した新しい車両の中から「最も優れた車両」が選定されます。

3章　西武鉄道の車両のひみつ

ステンレスとアルミの2タイプ 青塗装を初採用した6000系

1992(平成4)年に登場した6000系は、西武鉄道初の地下鉄乗り入れ仕様車です。また、長年鋼製車の独擅場だった西武初のステンレス車であるとともに、VVVFが初期装備された画期的な車両でした。

初の地下鉄乗り入れ仕様車

　1992(平成4)年に登場した6000系は、西武で初のステンレスボディが採用され、それまでの黄色い西武のイメージを一新しました。営団地下鉄(現・東京メトロ)有楽町線と西武池袋線の相互乗り入れを見越して製造された車両で、**VVVFインバータ制御**が採用されました。また、乗り入れ先に合わせて10両固定編成とするとともに、前面には脱出用の非常扉を装備しています。

　さらに、前面左右非対称デザインも西武初採用で、いろいろな意味で初ものづくしの形式でした。カラーリングもブルーのラインが客室窓上下に入り、下部には白の細いラインも入りました。最初に登場した6101・6102編成は先行車で、1993(平成5)年からの6103以降が量産車となっています。また、1996(平成8)年からは車体がアルミニウム合金車体となって50番台の番号が与えられました。加えて1998(平成10)年製の6156編成からは戸袋窓が廃止されて、さらに軽量化が図られました。

ステンレス仕様の6000系　写真提供：井上廣和

長年の伝統を破りステンレス車を初導入
インバータ制御も採用した新時代の通勤電車

こちらはアルミ仕様の6000系。前面にはFRP（強化プラスチック）が使用されイメージがだいぶ変わった　写真提供：井上廣和

また標識灯もなくなりました。なお、西武鉄道のステンレス車は本形式のみとなっています。

東横線乗り入れ対応の改造を実施

　座席のモケットは在来車の茶色から青色のものに変更され、室内のイメージも一新されています。また着座部分には縞模様が入り、西武鉄道の車両では初めて着席区分が明確にされています。床面にあった点検蓋も本形式以降廃止され、すっきりとした室内空間を実現しています。

　また、6000系では西武鉄道で初めて自動音声装置が搭載されています。アナウンスは日本語が声優の石毛美奈子さん、英語はタレントのクリステル・チアリさんが担当、明瞭で聞き取りやすい放送は利用者にも大好評でした。

　東京メトロ有楽町線との乗り入れに続き、2008（平成20）年からは副都心線とも乗り入れを開始しました。さらに、2013（平成25）年からは副都心線を介した東急東横線・横浜高速鉄道みなとみらい線との乗り入れも開始されるため、大幅な対応改造が実施されています。

　主な改造点は、マスターコントローラーのT型のワンハンドルタイプへの交換、車外スピーカーの設置、行先表示器がフルカラーのLEDで、前面は種別と運行番号を一緒に表示する方式になるなどです。改造対応車は前面が白塗装化されました。

> **マメ蔵**　**VVVFインバータ制御**……可変電圧・可変周波数制御。直流モーターに代わるローコストで省エネ、メンテナンスも容易な交流モーターを制御するための技術で、やりにくかった低回転もコントロールできます。

VVVF化されてイメージ一新 最後の鋼製車9000系

池袋線、新宿線の両系統で幅広く運用されている9000系。101系の下回りを流用しましたが、現在はVVVFインバータ制御化されています。新2000系によく似た外観ながら微妙な差異があります。

VVVF化により新車同様に生まれ変わった9000系　写真提供：井上廣和

西武鉄道最後の黄色塗装電車

　1993（平成5）年、新2000系の増備車のような新形式9000系が登場しました。西武の顔として長年君臨していた101系の更新車で、下回り（走行装置や床下機器）は101系のものを使っています。そのため製造時は抵抗制御方式の車両でした。

　その後、2003（平成15）年からVVVFインバータ制御への改装を受けてグレードアップ、省エネ化が図られました。この時点で101系から流用した走行装置は換装されたため、当初の9000系とは中身が入れ替わったともいえます。VVVF化改造によって長く活躍することが期待されます。

　ステンレス車・アルミ車が全盛の時代ですが、本形式は2012（平成24）年現在、西武最後の普通鋼車体の黄色塗装電車となっています。1988（昭和63）年から製造された新2000系とよく似ていますが、前面中央部の手すりと靴ずりが黒塗装とされ、全編成が10両固定編成であることなどから外観上の見分けは比較的容易にできます。さらに、本形式の中間車にはサハ車（付随車）が存在することも相違点です。ほかにも新

9000系（左）と新2000系（右）。手すりの色が違うため容易に見分けられる

新2000系と近似した外観の9000系 前面の手すりの色が見分けるポイント！

2000系との違いがあります。9000系はVVVF化後に形式番号が先頭車前面の助手席窓下に表記されていることや、10両編成であるため先頭車は**電気連結器**ではないことなどです。

改造により新車同様に生まれ変わる

　登場時は4両編成でしたが、後に中間車が増備され、6M4Tの10両編成となりました。また、本形式は西武鉄道所沢車両工場で製造された最後の形式であり、前面のステンレス製の飾り帯、暖色系の室内空間（クリーム色の壁面、オレンジの座席）など、随所に往年の西武鉄道の雰囲気を残しています。

　車内の仕様は6000系に準じており、車椅子スペースも設置されています。駆動装置は当初の中空軸並行カルダン式からVVVF車のWN駆動に変更されて、最高速度も110km/hから120km/hになっています。また、補助電源用の蓄電池も高容量のものに交換され、編成中のパンタグラフの数は4個から3個に減らされています。近年は一部編成のパンタグラフが離線（パンタグラフが架線から外れること）が少ないシングルアームタイプのものに交換されています。全車両が武蔵丘車両基地配置となっており、池袋線系統で使用されています。

> **マメ蔵**
> **電気連結器**……車両の連結器の下部などに装備されており、電気的に結合するための連結器となっています。車両の分割・併合に便利なもので、通常は先頭車に多く見られます。

多彩な編成で柔軟な運用を実現!
進化した通勤車新2000系

新2000系は、1988(昭和63)年から製造が開始された2000系のマイナーチェンジ車です。総計436両が製造され、現在も西武鉄道の主力車両として各線で運用されています。

大量配備される西武鉄道の主力車

　西武2000系は西武多摩川線、西武有楽町線以外の全線区を走行する、西武鉄道を代表する車両です。特に新宿線では2・4・6・8両の各編成のさまざまな組み合わせを見ることが可能です。

　1988(昭和63)年からの増備車は随所がモデルチェンジされ、新2000、2000Nなどと呼称されています。先頭車の前面上部の各表示器は黒ベースとなっており、窓との一体感あるデザインです。黒い部分は天井部のラインに沿った位置まで延びているため、初期車とはイメージが異なります。

　スカートが当初から装着されていますが、初期の車両のみ登場後の取り付けでした。また運転室の左右の窓は傾斜がなくなり、少々のっぺりした感じがします。側面では戸袋窓が付き、窓は1段下降式となって、車内が明るくなりました。また行先表示器が取り付けられ、通風器はそれまでのグローブ形(円形)から箱形となっています。

上石神井車両基地から出庫する新2000系

目鼻立ちのはっきりした新2000系 大量配備され各線区の主力として活躍

パンタグラフが撤去された制御電動車

車体番号の書体は編成によって異なる。上は初期車で下は後期車のもの

シングルアームパンタ化でイメージが一新

　新2000系の8両編成と6両編成では、運転室付きの先頭車が制御付随車（クハ）で、中間車は全て電動車（モハ）となっています。4両編成の場合は中間車は電動車で、先頭車1両が制御付随車ですが、飯能／西武新宿方が制御電動車（クモハ）となっています。2両編成はクモハとクハで編成されています。8両編成で最後に登場した編成のうち2両（モハ2197と2198）は、テストケースとしてVVVFインバータ制御が採用されています。新2000系の製造は当時、自社である所沢車両工場の他に、西武鉄道の長年のライバル東急グループの東急車輛も担当していました。

　登場後には奇数モハ車のパンタグラフ削減や、4両編成のクモハが装備する2個パンタが撤去されましたが、歩み板などが残っているのでクモハだということが遠目でもすぐわかります。

　また、モハ2189での試験を経て**シングルアーム**化も進みました。さらに表示器がフルカラーのLEDに交換され、戸袋窓が埋められています。車内ではバリアフリー化が進められ、扉上部に案内表示器が設置されています。

> **マメ蔵**　**シングルアームタイプ・パンタ**……横から見ると「く」の字形で、近年の車両は菱形からこれに移行しました。軽量で、畳んだ時の面積が少ない、降雪に強いなどのメリットがあり、欧州ではかなり前から普及していました。

西武で唯一のセミクロスシート車 旧ライオンズ色の帯が入る4000系

4000系は西武鉄道で唯一セミクロスシートを持つ車両です。ローカルな色合いが濃い池袋線の飯能以西で運用されますが、土曜・休日には池袋にも乗り入れます。塗色は8500系と同様西武ライオンズの往年のユニホームの色が採用されています。

ライオンズカラーの近郊型車両

　鋼製車は黄塗装と決まっている西武の車両群の中にあって、4000系は白色塗装に赤・青・緑の細いラインが入った旧西武ライオンズのユニホームの塗色が採用されています。青はかつてのライオンズ球団のシンボルカラーで、情熱の赤と狭山丘陵の緑が組み合わされたものです。

　本形式は2扉で**セミクロスシート**仕様となっており、国鉄（JR）風にいうと近郊型に属する車両です。この車両は飯能〜西武秩父間（吾野までが池袋線で、その先は西武秩父線）の車両をグレードアップすることや、秩父鉄道秩父本線への乗り入れに対処する系列として1988（昭和63）年に製造が開始されました。ただし、廃車とされた101系の下回りを再利用しているので、純粋な新車両ではありませんでした。このため、台車は古いタイプのFS372とFS072を使用しています。

秩父線の主力車両として活躍する4000系

ドアの横には自動開閉装置がある

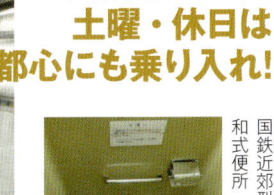

48両が製造されて大所帯に成長 土曜・休日は都心にも乗り入れ!

セミクロスシートの4000系の室内

国鉄近郊型電車を想起させる和式便所

かつては自販機とゴミ箱も

　編成は4両で、クハ4001とモハ4101で構成、飯能方が奇数、池袋方が偶数番号で編成されています。両開き式の客室扉は寒冷地仕様といえる半自動式となっており、ドアレールにはヒーターが装備され、外部に開ボタン、車内に開閉ボタンが設置されています。クハ4000の奇数番号車にはトイレが設置されており、現在は立ち席スペースとなったトイレの向かい側には、当初飲料用自動販売機とゴミ箱、空き缶入れが置かれていました。車内の扉間はボックス式のクロスシートとなっており、ドア回りにロングシートが配置されています。また土曜・休日運転の池袋発三峰口・長瀞行き快速急行(秩父鉄道直通)は2編成を併結した8連で運行されており、西武秩父線内の横瀬駅で分割・併合運転を行うために、編成ごとに独立した放送を行う装置も設置されています。

　パンタグラフはモハの奇数番号車に2基装備されており、現在ではシングルアームタイプに換装されました。またワンマン運転に対応するために2002(平成14)年にマスターコントローラーをデッドマン付き(運転不能になっても安全に停車させる装置)に変更し、運転士用放送機器などの機器類も設置されました。4000系は最初の4001〜4015編成が登場した後、1992(平成4)年に4017〜4023編成が増備され、12本計48両が製造されました。製造は東急車輛が担当しています。

> **マメ蔵　シートの種類**……ロングシートはレールに平行な横長シートで立席定員を多く確保できます。クロスシートのクロスは横の意味で、進行方向かその逆向きのシート。セミクロスはロングとクロスの両方を装備する場合です。

他系列と併結を行わない
独立独歩の3000系

3000系は池袋線系統で活躍する通勤型電車です。新101系や301系と同様、湘南2枚窓スタイルを踏襲しながらも、ブラックフェイスを採用しています。現在も全車が活躍していますが、近い将来廃車が始まることが予想されます。

68両が製造され現在も活躍中

　3000系は1983（昭和58）年に池袋線用の車両として登場した通勤車です。西武所沢車両工場のほか、東急車輛も製造を担当しています。当時、既に新宿線では4扉の2000系が活躍していましたが、池袋線は101系・301系をはじめとする3扉車の独擅場だったため、本形式も似た雰囲気を持った3扉車とされました。

　性能上は101・301系は**抵抗制御**で発電ブレーキ付きでしたが、3000系は2000系同様の界磁チョッパ制御、回生ブレーキ付きとされました。前面デザインは当時の西武車両の基本スタイルの2枚窓の湘南型ながら、新101系からセンターピラーを廃したスタイルです。当時首都圏の通勤電車のほとんどが4扉車となっていましたが、3000系は1987（昭和62）年までに8両編成を中心に9本、合計68両が製造されました。他系列と併結することのない孤独な車両として今に至っています。

新101系や301系のブラックフェイスタイプの湘南スタイルを踏襲した3000系
写真提供：井上廣和

最後の3扉車はラッピング車
一部の編成は支線区に転出

ライオンズのラッピングを身にまとう3000系　写真提供：石塚純

ラッピング車も続々登場

　3000系はラッピング電車としても有名で、2009（平成21）年から3011編成がアニメの振興を目指して練馬区と西武のタイアップにより登場した『銀河鉄道999』塗装。999のキャラクターが随所に描かれています（88ページ参照）。また3015編成が2010（平成22）年からL-trainのライオンズデザイン電車として人気を博しています。これはプロ野球の埼玉西武ライオンズのチームカラーでロゴをあしらった、濃紺塗装の編成となっています。

　本形式は前面に貫通扉がないため、ラッピングに適した車両であるといえるでしょう。登場当時の塗色は黄色を主体に窓廻りがベージュとなっていましたが、塗装時の手間を省くため1999（平成11）年までに全編成が黄色一色となっています。現在は8両編成が7本と6両編成が2本あります。どちらも中間車は全て電動車（モハ）で、先頭車だけが運転室がある制御付随車（クハ）です。当初は池袋線系統のみで運行されていましたが、1992（平成4）年からは新宿線にも進出、2010（平成22）年から国分寺線など支線系でも使用されています。

> **マメ蔵　抵抗制御方式**……架線等から車両に取り込んだ電気を、抵抗器で電気の分量を下げて調整し、主電動機＝モーターを駆動させる旧来の方式。使われなかった電気を熱に換えるため、抵抗器近くは熱を持ちます。

3章　西武鉄道の車両のひみつ

貫通扉でイメージ一新！西武所沢工場出身の2000系

2000系は1977（昭和52）年に登場した西武鉄道初の4扉車です。登場時は新宿線での限定運用でしたが、現在は池袋線系統でも運用されています。さまざまな編成両数に対応できるため、フレキシブルな輸送運行が可能な形式です。

久々の貫通扉装備車

　高度経済成長時代に大幅に利用者が増加した西武鉄道ですが、その伸びは昭和50年代に入ってもとどまることを知りませんでした。2000系は増加を続ける通勤輸送の改善策の切り札として1977（昭和52）年に登場した形式で、新宿線の駅間距離は池袋線より短いため、同線での各駅停車の乗降時間の短縮を考慮し、西武鉄道初の4扉車となりました。

　また、当時の西武鉄道は、前面2枚窓の湘南スタイルの独擅場でしたが、本形式は運転室窓がパノラミックウインドーの貫通扉付きという従来のスタイル（「デザイン」「方針」「設計」も可）を打ち破る車両として大いに話題を集めました。製造は西武所沢車両工場が担当しています。

　性能的には界磁チョッパ制御で**回生ブレーキ**付きという省エネ車両です。台車は住友金属製で動力車用がFS372A（一部のクハも装着）、付随

登場当時の2000系。ほどなくして701系（左）に変わって新宿線のエースに成長していく　写真提供：RGG

西武のイメージを一新させた貫通扉 昭和末期の体質改善で新車同様に再生!

【上】表示器がLED化されたグループもいる 写真提供:大野雅人 【右】暖色系でまとめられた車内

車用がFS072Aとなっています。客室の戸袋窓はなく扉は未塗装。窓は2段で上段が下降式、下段は上昇式となっており、屋根にはグローブベンチレーター(通風器)が取り付けられています。

昭和末期から車体改善工事を実施

2000系の編成は8・6・2両がありますが、形式番号の付け方は6000系以降の車両とは大きく異なります。6000系以降の系列では先頭から6100台、6200台、6300台の形式番号が与えられていますが、2000系では、モーターの有無や運転台の有無などを基に付番されています。例えば、2000系8両編成の第1編成では、先頭車はクハ2001形で西武新宿方が2001、本川越方が2002という具合に。中間車はモハ2101形で、2・3両目が2101と2102、4・5両目が2301と2302、6・7両目は2201と2202となっています。第2編成はその続き番号で、末尾が3か4となります。2両編成はクモハ2401形とクハ2401形で、形式番号の末尾はクモハが奇数、クハが偶数番号となっており、2両でペアを組んでいます。1979(昭和54)年までに17本が6両編成で登場し、1983(昭和58)年にそのうち4本が8両編成化されました。

新2000系が登場した1988(昭和63)年以降、分割放送機能の追加や、車体側面への電動の行先表示器の取り付け、空気圧縮機の交換、床下機器の低騒音化、車椅子スペースやドアチャイムの設置などの更新が進められています。さらに、編成中のパンタグラフ数を削減するとともに、シングルアーム化も行われ、先頭車にスカートが取り付けられています。

> **マメ蔵** **回生ブレーキ**……電力を効率的に利用するために開発されたブレーキ方式。電動機=モーターを発電機として作用させて電気に換え、これを架線に戻し他の電車の動力として使用します。

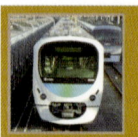

湘南スタイルをブラックフェイスに 西武の伝統、新101系・301系

新101系と301系は西武鉄道が長年採用していた前面2枚窓の湘南スタイルを現代的にアレンジした前面が特徴です。新101系は西武の標準車として長年活躍した101系のマイナーチェンジ車で、101系の息吹を伝える貴重な存在です。

湘南スタイルを昇華させたデザイン

　西武鉄道が長らく採用していた湘南電車タイプの前面2枚窓スタイルを、近代的に昇華させて引き継いだのが新101系です。1969（昭和44）年から製造された101系初期車（2010〈平成22〉年に引退）の後期車として、1979（昭和54）年から1984（昭和59）年にかけて増備された3扉の通勤車です。101系初期車は西武秩父線の開業時に、勾配がきつい同線の走行が可能な車両として**抑速ブレーキ**・発電ブレーキを装備した、抵抗制御の高出力・高制動の車両でした。

　新101系と称される後期車は前期車とほぼ同性能ですが、デザイン面が変更されました。先頭車のフロントデザインは窓回りが少し内側に入ったいわゆる額縁スタイルで、屋根部までが大きな縁取りとなって、黒ベースの中に運転室窓があります。

　その上部には2つの表示器があり、行き先が向かって右、列車種別が左となっています。また角形の標識灯と尾灯が縦に並んでケーシングされています。窓回りの塗色は当初グレー系でしたが、後に黒に統一されました。

　また150mm上がった高運転台となり、ワイパーは2連装着されています。さらに通風器が初期車のグローブ形から箱形に変更されました。側面

新101系。登場当時のベージュフェイスが復刻された編成もある　写真提供：井上廣和

の塗装は初期車同様に、当初窓回りにウォームグレーが入っていましたが、現在は黄一色に変更されています。旧塗装のリバイバルも登場しています。

　新101系には4両と2両編成があります。4両編成の場合、先頭の制御付随車クハ1101形と中間の電動車モハ101で編成されています、また、全車電動車の編成が1本だけあります。これは機関車の代わりに牽引用として使用されるようになった4両編成です。

現在は新101系のみ残存

　一方、301系は8両編成で登場した形式で、新101系の製造ナンバーを300台としたために301系と呼称されるようになったグループです。基本スペックは新101系と同一でした。

　こちらの編成は、301編成を例にとるとクハ1301＋モハ301＋モハ302＋サハ1301-1＋サハ1301-2＋モハ301-1＋モハ301-2＋クハ1302となっており、登場時はハイフン付きナンバー車を除く4両編成でした。

　西武多摩川線の新101系は、ワンマン編成はベースが白色となっていますが、編成ごとに春夏秋冬をモチーフとしたオリジナル塗装が採用されており、人気を集めています。新101系、301系とも長らく各線区で活躍を続けていましたが、2004（平成16）年から廃車が開始。2012（平成24）年12月には301系は全廃、ワンマン仕様の新101系を残すのみとなっています。

現在も本線系で活躍する101系の弟分新101系 301系は惜しまれつつ引退

2012年に引退した301系　写真提供：井上廣和

> **マメ蔵**　**抑速ブレーキ**……下り勾配を走る車両の、加速を抑えて一定速度に保つブレーキで、下り勾配がきつい山間部を走る車両に装備されるケースが多くなっています。

新交通システム初のVVVF制御 レオライナーの愛称を持つ8500系

ゴムタイヤ走行の新交通システムが西武山口線のレオライナー8500系です。西武としては先駆的なVVVFインバータ制御車としてデビューしました。

山口線の切通し区間を行く8500系。冷房機器などは床下に設置されているため屋根上は平滑

登場から四半世紀を経ても色あせぬ魅力

　8500系は西武鉄道で唯一の新交通システム路線・山口線で活躍する車両です。1985（昭和60）年に山口線が新交通システム化されたのと同時に登場しました。形式番号が8500番台となっていますが、これは1985（昭和60）年に製造されたことにちなみます。4両固定編成で、製造は新潟鐵工所が担当しました。

　西武ライオンズ球場の輸送機関として新交通システム化された経緯から、前面にレオマークのプレートが付き、その下にLEO LINERの表記が入ります。塗色はアイボリーホワイトベースの側面に青・赤・緑のラインが入るものが採用されました。これは1979（昭和54）年の西武ライオンズ創設時から2001（平成13）年まで使用されていたユニホームにちなんだカラーリングです。車両愛称は「レオライナー」とされ、車内には往年の西武ライオンズ選手のパネルが展示されています。

　直流750Vで第3軌条集電を行い、制御装置はVVVFインバータ方式となっています。新交通システムとしては初のVVVF車で、登場当時は

> 西武のユニホームが
> 変わってもなお
> 黄金時代のライオンズを
> 彷彿とさせる
> カラーリングを堅持

【上】西武球場前駅に停車する8500系。VVVFの使用素子はGTOサイリスタで、制御器からは湿り気のある独特な変調音が奏でられる
【右】8500系の車内

西武の一般鉄道車両にも導入されていませんでした。その意味でも8500系は先駆け的な要素を持っていました。

主電動機の出力は95kWで、1両に1基を装備しており、最高速度は50km/hです。ATSを搭載し通常の信号機による有人運転を行っています。

VVVFの換装により走行性が向上

車両は全長が8.5mで車体中央に客室扉があり、車内はクロスシート仕様です。立席を含む定員は先頭車が71人、中間車は80人で、座席数はそれぞれ28人、32人となっています。前面に非常用の貫通扉を備えた運転室は側扉も備えた全室式ですが、開放的な雰囲気で座席からの展望視野が確保されています。またマスターコントローラーは西武で最初のワンハンドルタイプが採用されています。編成はV1～V3の番号が付いた3編成があり、それぞれ8500～、8510～、8520～の形式番号が与えられています。

例えばV1の8501編成では1号車から8501＋8502＋8503＋8504となっています。機器類は制御装置が2・3号車、補助電源装置が4号車、**空気圧縮機**が1号車に搭載されています。

8500系は2001（平成13）年からVVVF制御器と補助電源装置を新しいものに変換する工事が実施されており、2007（平成19）年からは車椅子スペースを確保する工事も行われています。

> **マメ蔵** **空気圧縮機**……エアコンプレッサーとも呼ばれ、ブレーキやドアの開閉、警笛などのために使うエアーを作り出すためのものです。できたエアーはタンク（空気溜め）に溜められます。

西武鉄道のおもいでの車両

写真提供：井上廣和（特記以外）

101系

551系

クハ1411形　写真提供：RGG

451系

351系

601系

3章 西武鉄道の車両のひみつ

801系

E51形

5000系

E851形

401系

701系

西武初の特急用車両 5000系

5000系は西武初の特急用車両として登場しました。「レッドアロー」の愛称で人気を集めた本形式は、西武秩父線の開業を機にデビューし、池袋～西武秩父間の特急「ちちぶ」を中心に運用されました。

雰囲気づくりを重視した設計

　5000系は1969(昭和44)年に登場しました。パワフルな前面デザイン、2本の赤帯を巻いたクリーム色の車体は、地味だった企業イメージを打ち破り、鉄道ファンの喝采を浴びました。レッドアロー（赤い矢）という愛称は、もちろんこの赤い帯を表しています。

　当初は制御車＋電動車2両＋制御車の4両編成で、座席の色は緑・赤・金茶・青と、号車ごとに分かれていました。また、客室の出入口には半透明で花柄入りの自動ドアがあり、喫茶店や美容室のような雰囲気でした。座席は回転式でしたが、今日の特急車に比べると足元が少し狭く、背もたれもリクライニング式ではありません。もっとも、当時は他の鉄道にも、リクライニングシートは広まっていませんでした。ともあれ、5000系の車内デザインは、特別な役割を持つ設備よりも雰囲気づくりを重視していたといえるでしょう。なお、先頭車の一方には、車内販売の準備コーナーとトイレが設けられていました。

土曜・休日のみ運転されていた「むさし」（西武新宿～西武秩父間）の運用に就く5000系　写真提供：井上廣和

西武初の有料特急車「レッドアロー」
長年西武の屋台骨を背負った
不朽の名車だ

前面には特製のヘッドマークが誇らしげに取り付けられた。クリーム色のボディを引き立てる黄色と紺色の鮮やかなヘッドマークは遠目にもよく目立った

5000系の室内。座席は長年にわたる試行錯誤を経て青地のリクライニングシートに落ちついた　写真提供：RGG

強力なモーターで峠越えに挑む

　5000系のモーターは出力150kWのものが電動車に4個取り付けられました。ブレーキは電磁直通空気ブレーキを基本とし、発電ブレーキ・抑速ブレーキを装備していました。モーターとブレーキが強力なのは、西武秩父線の山越え区間で、連続25‰、最大35‰の急勾配を上り下りするためです。営業最高速度は105km/hでした。

　5000系レッドアローは登場するとすぐに大好評を博しました。また、鉄道ファンの注目度も高く、1970（昭和45）年には**鉄道友の会**のブルーリボン賞を受賞しました。利用者も順調に増加したので、1974（昭和49）年から既存編成の6両化（制御車＋電動車4両＋制御車）と6両編成の新造が行われました。座席はこの頃から改良が繰り返され、最終的には青い生地のリクライニングシートに統一されました。

　1993（平成5）年には、後継車の10000系「ニューレッドアロー」が登場しました。以後、5000系を廃車するごとに10000系が造られ（5000系の機器を流用）、5000系は1995（平成7）年までに全廃されてしまいました。西武の屋台骨を背負った本形式も、最後はあっけなく引退となってしまった感があります。

　現在はクハ5503形のみが静態保存されています。一部の車体は富山地方鉄道に譲られ、現地でリニューアルされて走っています。

> **鉄道友の会**……1953（昭和28）年に発足した日本最大の鉄道愛好者団体です。見学会・後援会などを随時催すとともに、毎年の新車について、会員投票によるブルーリボン賞、選考委員会によるローレル賞を授賞しています。

秩父線開業時に登場 抑速ブレーキを備えた101系

西武秩父線の開業時に、特急車5000系と並んでデビューした通勤車です。それまで、ローズピンクとベージュだった西武に登場したレモンイエローとベージュの2色塗装。新時代の到来を印象づけました。

レモンイエロー通勤車の先駆け

　通勤車101系は、特急車5000系と同じく1969（昭和44）年に登場しました。平坦な台地を行く池袋線と急勾配が続く西武秩父線を直通できる性能を持っており、その適応力からASカー（All-round Service Car）とも呼ばれていました。

　車体の形状は1世代前の701系・801系とほぼ同じで、独特の2枚窓の顔を持つ20m級3扉車体を採用しています。しかしながら、山岳線対応の性能を付加したことから在来車とは混結できず、大量に必要となるため急ピッチで増備が行われました。塗装が以前のローズピンクからレモンイエローになったのは、連結作業のミスを防ぐためでもあったのです。

　モーターは出力150kWのものを**電動車**に4個取り付け、ブレーキシステムは発電ブレーキ併用の電磁直通空気ブレーキおよび抑速ブレーキとなっていました。これらは特急車5000系と同一の装備であり、両者は同じ性能を持っていました。

晩年の101系。当初窓回りにベージュの帯が入っていたが、後年省略されるようになった

最盛期の101系。西武通勤輸送のエースとして活躍を続けた　写真提供:井上廣和

都市区間と山岳路線に対応した汎用車
長らくスタンダード形式として活躍した名車

前面デザインを変更した新101系

　101系は4両編成（**制御車**＋電動車2両＋制御車）と6両編成（制御車＋電動車4両＋制御車）の2種類が増備され、池袋線・西武秩父線の主力通勤車となりました。1976（昭和51）年には2両編成が登場しましたが、この時から前面が鼻筋を強調したデザインに変わり、新101系と命名されています。新101系は2両編成に続いて4両編成が登場、1980年代の前半には8両編成も造られました。この8両編成は車番から301系と呼ばれていますが、新101系の仲間です。

　一方、在来車のローズピンクはこの頃レモンイエロー1色に塗り替えられ、101系とはベージュ部分の有無だけで区別するようになりました。この塗り替えは塗装作業を簡略化するための方策で、1990年代の後半には、101系もベージュ部分をなくして黄色1色に変更されました。

　旧101系はそのあと徐々に数を減らし、2010（平成22）年に西武の路線を引退しました。新101系は今も現役ですが、これらも廃車が進んでいます。

> **マメ蔵**　**電動車と制御車**……電車の編成を構成する要素です。電車の動力車は制御電動車（Mc）と電動車（M）、非動力車は制御車（Tc）と付随車（T）に分類されます。英文字のMはmotor、Tはtrailer、cはcontrollerを表します。

戦後復旧車として登場
国電ベースの旧型車両311系

終戦直後の資材不足の時代、西武は戦災に遭った省線(国鉄)電車を大量に譲り受け、これらを修復して各線に投入しました。311系は、これらの修復車を代表する形式です。

少ない費用で車両不足を解消

　第2次世界大戦の末期から戦後にかけて、私鉄各社は深刻な**車両不足**に陥りました。この状況を打開するため、西武では、戦災で使えなくなった電車を鉄道省から引き取り、これらをリサイクルする手段を採りました。もともと西武の電車は寸法・性能がまちまちだったので、こうすることによって、規格の不統一も解消できたのです。しかも、規格を国鉄(現在のJR)と合わせることで、その後の資材の調達もしやすくなりました。西武のこれらの車両グループは「戦災復旧国電」と呼ばれています。

　戦災復旧国電には大別して3つのグループがあり、17m級の車体更新車(単なる修復から完全新製までさまざま)は311系、17m級で傷みの少なかった車両は371系、20m級の車体更新車はクハ1411形と呼び分けられました。311系は国鉄30系・50系電車、371系は国鉄30系電車の制御電動車(国鉄旧モハ11形)、クハ1411形は国鉄40系電車が種車となっています。

1965年に撮影した多摩湖線のクハ1411形+311系
写真提供：RGG

最後の復旧国電スタイル車と
昭和50年代まで残った戦災復旧車

20m級の車体更新車・クハ1411形。1970年代までに西武鉄道からは引退しているが、地方私鉄に譲渡された車両も多い　写真提供：RGG

311系は復旧国電を代表する形式

　311系は3扉ロングシートの通勤車で、制御電動車モハ311形と制御車クハ1311形の2種類がありました。これらは両数が非常に多く、そのため、復旧国電全体を311系と呼ぶこともあります。外観は前面・側面とも平面的なデザインで、当然ながら、私鉄ではなく国電のスタイルでした。その導入は1946（昭和21）年から1953（昭和28）年にかけて行われ、従来のオリジナル車両（武蔵野鉄道・旧西武鉄道の車両）を一掃しています。

　戦災復旧国電はその後の新車の増備によって淘汰され、1970年代の前半ごろに役目を終えました。西武を引退してからは、弘南鉄道・栗原電鉄・伊豆箱根鉄道・大井川鉄道（現・大井川鐵道）・三岐鉄道・近江鉄道に譲渡され、なかでも大井川の311系は2扉クロスシート車となって活躍を続けました。現在はどの譲渡車も引退しています。

> **マメ蔵**　**戦中・戦後の車両不足**……多くの私鉄では次の2つの策が採られました。①鉄道省から低コスト設計の20m級4扉電車「モハ63形」の払い下げを受ける。②資材調達や組み立ての容易な「運輸省規格型電車」を自主的に製造する。

西武スタイルを確立
初の2枚窓車351系

351系は、前面2枚窓の17m通勤車です。先頭車の車体は戦後初めて自社で造られ、西武の戦災復旧国電の時代が終わりを告げるのです。赤電塗装で最も遅くまで生き残った車両です。

西武で初めての前面2枚窓

　351系は、1954（昭和29）年に登場した501系から派生しました。戦後初の自主設計車501系は先頭車17m、中間車20mという変則編成でしたが、デビュー後まもなく20mで統一することになり、先頭車の車体が分離されました。この車体を再利用した電車が351系で、1964（昭和39）年に形式番号が設けられました。前面2枚窓のデザインは、登場時に流行していた「**湘南窓**」と呼ばれるものです。また、当時は高性能電車の黎明期でしたが、501系・351系とも旧型車として造られました。

　501系から捻出された先頭車は、モハ501形からモハ411形、次いでクモハ351形に改番されました。しばらくは特定の連結相手を持たない先頭車でしたが、一部は付随車サハ1311形を両端から挟むようになり、均整のとれた17m車の3両編成に仕立てられました。これが一般に351系と呼ばれる編成です。

晩年は国分寺線や多摩湖線で活躍した351系。西武鉄道2枚窓電車の祖となった　写真提供：井上廣和

当時流行した湘南スタイルを採用
2枚窓は長らく西武のスタンダードとなった

新製された湘南スタイルの先頭車に挟まれたサハ1311。当時の西武鉄道は車両製造コストを抑えるため、状態の良い車両を組み合わせたユニークな編成が数多く見られた　写真提供：RGG

　501系はオレンジと茶色の2色塗りでしたが、1960年代にローズピンクとベージュの2色塗りが「赤電」として定着、351系もこれにならいました。1970（昭和45）年以降はレモンイエローの高性能車が赤電を少しずつ置き換えていきましたが、351系は長期にわたって使用され、赤電のシンボルとして親しまれました。

多摩湖線の南部区間に定着する

　351系が重宝されたのは、多摩湖線の国分寺駅のホームがちょうど17m車3両分で、サイズがぴたりと合っていたからでした。そのため、多摩湖線の南部区間（国分寺～萩山）は351系の独り舞台となり、他の17m旧型車（すなわち戦災復旧国電）よりも重宝されたのです。

　その国分寺駅多摩湖線ホームも1990（平成2）年には20m車4両分に改良され、351系はようやく役目を終えました。その後、クモハ355号は501系時代の塗装に塗り直され、現在は横瀬車両基地で静態保存されています。また、3両化に漏れたクモハ351形は上毛電気鉄道と大井川鉄道（現・大井川鐵道）に譲渡され、転出先で現役を終えました。

> **マメ蔵**　**湘南窓**……1950（昭和25）年登場の国鉄80系電車（湘南電車）が採用した前面デザインで、鼻筋の通ったゆるやかな流線形に、左右2枚の窓ガラスを組み込んだ形です。この前面デザインは、その後10年ほどの間に大流行しました。

3章　西武鉄道の車両のひみつ

国電風の切妻の前面スタイルを採用 451系・401系

451系は、全鋼製車体で切妻の先頭部を持つ旧性能通勤車です。のちによく似たデザインの411系が製造され、さらに、これを高性能化して401系が造られました。

国鉄通勤型電車にどこか似ていた451系。前面窓には、窓を3分割するピラーが入る 写真提供：井上廣和

平らな先頭部が特徴の451系

　451系は1959（昭和34）年に登場しました。前面・側面とも1957（昭和32）年登場の**国鉄101系電車**に似ていましたが、451系は同じ車体長でも扉が1つ少ない3扉車です。側扉は西武初の両開き式、側窓は2枚1組の2段窓が採用されました。全鋼製の平滑な車体はまるで新性能車のようでしたが、吊り掛け駆動、自動空気ブレーキ、イコライザー式台車などを特徴とする旧性能車でした。ただし、ドアには新開発の「ST式戸閉機構」が導入され、のちに国鉄車両にも採用されるようになりました。

　当初はクモハ451形のみが製造され、在来の制御車クハ1411形とペアを組みました。やがて新造の制御車・付随車・中間電動車が加わって4両・6両編成が登場し、統一デザインの長い編成が見られるようになりました。

1970年代に入ると高性能車への置き換えが進み、451系は1984（昭和59）年までに全て淘汰されました。一部は上信電鉄・三岐鉄道・一畑電気鉄道に引き取られましたが、今はそれらも引退しています。

401系はこのグループの完成形

　451系とよく似た車両として、1964（昭和39）年に2両編成の411系が登場しました。411系は高性能車701系・801系の増結用だったにもかかわらず、低コスト仕様の旧性能車でした。側窓は、2枚ユニットの窓をドア間に2組並べる形から、同じ大きさの小窓を4枚並べる形に変更されています。

　401系は、この411系を冷房付きの高性能車に改造したもので、1978（昭和53）年に登場しました。塗装は赤電カラーからレモンイエロー 1色に塗り替えられ、デザインを一新しています。前面は切妻（平滑なデザイン）・非貫通のままでしたが、2枚窓の高性能車と同様、ステンレスの飾り板が取り付けられました。

　401系は1997（平成9）年まで西武で使用され、引退後は全て、上信電鉄・三岐鉄道・近江鉄道のいずれかに譲渡されました。

冷房改造され平成初期まで活躍
現在は上信電鉄などに在籍

451系の高性能改造車401系。塗色は黄色1色となり、前面にはステンレスの飾り帯や行先表示器が入った　写真提供：井上廣和

> **マメ蔵**　**国鉄101系電車**……1957（昭和32）年に営業を開始した、国鉄初の新性能通勤型電車です。20m・4扉・ロングシートの全鋼製車体にカルダン駆動やMM′ユニットなどの新しい技術を組み合わせ、以後の通勤形電車の原型になりました。

進化を重ねた通勤型車両
501系・551系・601系

501系、551系、601系の3形式は、初期の前面2枚窓20m通勤車です。501系は戦後初の新製車、551系は全鋼製・両開きドアの旧性能車、601系はその高性能バージョンです。

復旧国電の時代を終わらせた501系

　501系電車は、1954（昭和29）年に登場しました。当初は先頭車が17m、中間車が20mの4両編成でしたが、1957（昭和32）年の製造分からは先頭車も20mとなり、初期の先頭車も造り直されました。このとき余った短い車体は、のちの351系などに編入されています。

　501系はモーター・制御器・ブレーキ・台車などを旧型国電から流用したので、メカニカルな部分は国電と大差ありません。大量に引き取った戦災復旧国電を、西武はこんな形でも利用したのです。さらに、その組み立ては外注ではなく、自社の所沢工場で行っていました。この手法もまた、低予算での車両増備に大きな効果がありました。

　1960年代の半ばには動力車と非動力車の割合が1対2の6両編成を組みましたが、パワー不足でダイヤを乱し、すぐに解消されました。その後1980（昭和55）年まで使用され、一部は地方私鉄に譲渡されました。

当初は中間車と先頭車で車体長が異なっていた501系　写真提供：井上廣和

両開き扉の551系、カルダン駆動の601系は4両編成で登場

6両編成時代の501系。前面にサボ差し（行先票を入れる金属枠）があり、金属製の行先標が取り付けられていた　写真提供：RGG

ドアが両開きになった551系・601系

　551系は1961（昭和36）年に登場しました。切妻先頭部の451系の車体（側窓は2枚1組タイプ、側ドアは両開き式）を、前面だけ2枚窓としたのが551系です。この窓は中央の支柱が細くなり、以後の通勤車にもこの形が引き継がれました。前照灯は上部1箇所で、窓の支柱以外は湘南型の基本に近い顔となっています。一方、走行装置は吊り掛け駆動、ブレーキは自動空気ブレーキで、当時の新造車としては古い方式でした。旧型国電の資材で検修体制を整えた以上、やむを得なかったのでしょう。編成は、制御電動車2両が付随車2両を挟む4両編成でした。

　601系は1962（昭和37）年に登場しました。外観は551系と変わりませんが、電車の新しい技術である「カルダン駆動」を西武で初めて採り入れました。これは従来の吊り掛け駆動（モーターを台車枠から車軸に吊り掛けて歯車を噛み合わせる）をやめ、モーターの回転力を台車枠から自在継手で車軸に伝えるもので、高速運転に欠かせない技術です。ただし、551系と同じ事情で、駆動システム以外は旧型車並でした。

　601系は制御電動車2両が電動車2両を挟む4両編成で登場しましたが、のちに1両ずつ切り離され、他の系列に組み込まれました。

> **マメ蔵**　**旧性能と高性能**……吊り掛け駆動方式の電車を旧性能車、カルダン駆動を採り入れた電車を高性能車または新性能車と呼びます。ただし、601系のように関連技術が古い電車は、旧性能車と見ることもあります。

3章　西武鉄道の車両のひみつ

高度経済成長時代を支えた 701系・801系

701系は初の高性能車601系の量産バージョン、801系はその701系の細部改良バージョンです。これら2つの形式によって、西武の通勤車の標準車体が確立されました。

初めて量産化された高性能電車

　701系は1963（昭和38）年に登場しました。先頭部は551系・601系と同じく支柱の細い2枚窓ですが、前照灯の配置が頭部の1灯から窓下の2灯に変更され、左右のランプの下にステンレスの飾り板が設けられました。また、前面窓の上には電照式の字幕1つと尾灯2つが設けられ、オリジナリティの高い先頭デザインになりました。側窓の構造も見直され、戸袋間に「2枚1組×2組」という配置から、均一サイズの窓が4枚並ぶパターンに変わっています。この新しい車体デザインは、西武の初期高性能車の完成形として、このあと長く親しまれました。

　701系は制御車＋電動車2両＋制御車の4両編成で登場しました。制御車はクハ1701形、電動車はモハ701形です。初めはローズピンクとベージュの「赤電」でしたが、冷房装置を取り付ける際にレモンイエローに塗り替えられました（側扉はステンレス無塗装）。この時期、類似の車体を持つ101系は窓回りをベージュとするレモンイエローでしたが、これは、ブレーキシステムの違いにより、701系との併結運転ができないことを表していました。

冷房改造前の701系。冷房改造後は黄色1色となった　写真提供：井上廣和

時代に合わせた高性能化を実施
冷房改造後は黄色一色に

冷房改造が行われた701系。写真は分散式冷房をテストしたタイプだが、西武鉄道では集中式冷房が採用されている　写真提供…RGG

集中式冷房　クーラー（大出力タイプで1機で1両をカバー）
1両に1台のクーラー

分散式冷房　クーラー
1両に4～5台のクーラー

801系は張り上げ屋根を初採用

　801系は1968（昭和43）年に登場しました。701系とよく似ていますが、側板と屋根の継ぎ目が少し上がって「張り上げ屋根」（軽量化と車体強度の向上を目的に、車体の金属部分を屋根上にまで張り上げた構造）になりました。編成は701系と同じ内容の4両編成で、制御車の台車には空気ばねが採用されました。なお、このあと登場した101系は、この801系の外観をそのまま受け継いでいます。

　701系と801系は、601系と同様、駆動方式のみをカルダン駆動とする高性能車でした。これらは旧性能車と併結する機会が多かったため、**古いブレーキシステム**を採用していたのです。それでも、時代が下るにつれて台車交換や冷房化が行われるなど、サービス面では完全な高性能車に引けを取らないものになりました。

　1969（昭和44）年に山岳路線である西武秩父線が開通すると、池袋線～西武秩父線には急勾配対策を施した101系が導入され、平坦線仕様の701系・801系は主に新宿線を走るようになりました。西武の701系・801系は1997（平成9）年に引退しましたが、一部は総武流山電鉄・上信電鉄・伊豆箱根鉄道・三岐鉄道・近江鉄道に移って活躍しています。

> **マメ蔵**　**古いブレーキシステム**……車輪に制輪子を押し当てるだけのブレーキや、この動作を空気圧のみを用いて行うブレーキです。これらに対し、モーターの性質を利用したり、電気回路で作動させたりするのが新しいシステムです。

3章　西武鉄道の車両のひみつ

私鉄最大のマンモス電機
貨物牽引に活躍したE851形

E851形電気機関車は、秩父地方から東京方面へセメントを運ぶために製造されました。国鉄の大型電機を思わせる外観とパワーを持ち、鉄道ファンや沿線の人々に親しまれた機関車です。

西武鉄道の貨物機のエースとして活躍したE851形。余力を残しながらの引退は多くのファンに惜しまれた　写真提供：井上廣和

艶やかな塗装の大型電気機関車

　この機関車は西武秩父線が開業した1969（昭和44）年に登場しました。国鉄**EF65形**のような箱形車体のF型機（軸配置B-B-B）で、台車も国鉄**EF81形**と同じタイプです。塗装は朱色の地にクリームの帯、側面中央には2個の円窓を設けるなど、スタイリッシュな外観の機関車でした。

　おもな諸元は長さ16.5m、幅約2.9m、重さ約95.4tで、1時間定格の出力は2,550kW、営業最高速度は115km/hとなっていました。ただし、貨物用なので速度よりパワーが重視され、歯車比はEF65形（ブルートレインも牽引）より大きく設定されています。全部で4両製造され、セメント輸送の最盛期には機関車2両をつなげる重連運転も行われました。

連続25‰という急勾配で1,000tもの貨車編成を牽引

　かつて西武秩父線の芦ヶ久保～横瀬間には石灰石鉱山とセメント工場があり、以前はこの区間にセメント積み出し用の東横瀬駅が設けられていました。採掘・精製されたセメントはこの東横瀬駅から池袋駅と国分寺線国分寺駅に向けて送り出され、それぞれ到着後に当時の国鉄へ引き継がれていたのです。東横瀬～芦ヶ久保間は連続25‰という急勾配ルートですが、E851形の重連は、この区間で1,000tの貨車編成を牽引できました。

　また、セメント列車と旅客列車の共用区間を短縮するため、のちに所沢駅と国鉄武蔵野線新秋津駅の間に連絡線が造られました。これによって、セメント列車は1976（昭和51）年から東横瀬～新秋津間の運転となり、同駅で国鉄に引き継がれました。

　しかしながら、1970年代にピークを迎えた鉄道によるセメント輸送も、次第にトラック輸送に取って代わられるようになりました。その後、西武鉄道ではセメント以外の貨物輸送も低調となり、西武の貨物列車は1996（平成8）年に営業を終了しています。これに伴ってE851形も引退しましたが、鉄道ファンの要望に応えて、最後に旅客列車を牽引しました。「さよなら運転」に使われた客車は、JR東日本が所有していた12系客車です。

　廃車となったE851形のうち、4号機は横瀬車両基地で静態保存されており、イベントで一般公開されています。

セメント輸送と運命をともにした私鉄最大の牽引力を持つ大型電機

引退記念列車。西武鉄道には客車がないため、JRの12系客車を借り受けた
写真提供：RGG

マメ蔵　EF65形・EF81形……ともに旧・国鉄が開発した幹線・高速輸送用の電気機関車です。EF65形は直流専用、EF81形は交直両用で、寝台特急からコンテナ列車まで、幅広い用途に用いられました。今でも少数が活躍しています。

セメント輸送で活躍した西武の電気機関車

西武鉄道は、大手私鉄としては異例の長期にわたって貨物輸送を行っていました。そのため、貨物を牽引した機関車のバラエティも、ひときわ目立つものとなっています。

時代ごとの特徴がある電気機関車

　西武の電気機関車の形式番号は戦後の一時期に整理され、わかりやすいシステムになりました。これまでに在籍した電気機関車は、西武での導入順にE11形、E21形、E31形、E41形、E51形、E61形、E71形、E851形、E31形（2代目）となっています。そして、同じ形式の機関車が複数製造されると、例えばE11形の場合はE11号機、E12号機、E13号機……となるのです。

　電機の先駆けであるE11形は、池袋線の前身・武蔵野鉄道のデキカ10形としてデビューしました。メーカーはアメリカのウェスティングハウス社で、1923（大正12）年に3両が製造されています。E11形からE31形までは全て**凸形車体**を持ち、E12形は胴が長いタイプ、E31形は両端の鼻が長いタイプ、そしてE11形は両者の中間的なタイプでした。

　E41形からE71形までの4形式は、鮮やかなローズレッド1色に塗ら

鉄道省が1923年にED12形として導入したE51形　写真提供：井上廣和

平成初期まで活躍した古豪たち

れて活躍しました。この4形式は、両端にデッキを設けた箱形の機関車です。これらは大正時代に鉄道省などが海外から輸入した機関車で、西武へは戦後の高度成長期にやってきました。E51形からE71形までの3形式は、もともと東海道線の電化のために発注された機関車です。

E851形はセメント輸送用のF型機、E31形（2代目）は電車の機器を流用したD型機です。

前面非対称のE41形。元々は青梅鉄道（現・青梅線）で1927年にデビューした機関車だった　写真提供:RGG

E71形。こちらは1925年にアメリカのウェスチングハウス社で製造された機関車で、登場当時は東海道本線に投入された。1960年に西武鉄道入りしている　写真提供:RGG

個性がきわだつローズレッドのグループ

ローズレッドの4形式のうち、E51形は外観の個性がきわだっています。この機関車は、車体の両端部を絞り込んだ形になっており、さらに、この部分の上方に大きな庇がついているのです。メーカーはスイスのブラウン・ボベリ社（BBC）で、1923（大正12）年に造られました。直径1,400mmの大きな車輪や屋上に並ぶ空気溜めなども、スイスの古典的電気機関車ならではの設計です。

E71形（もと国鉄ED10形）は、1925（大正14）年にアメリカのウェスティングハウス社・ボールドウィン社で造られました。この機関車は3面折妻の両端部に兜のような庇があり、威風堂々とした風貌で人気がありました。側面中央に扉があるのも異色です。

E41形からE851形までの各形式は、横瀬車両基地に1両ずつ静態保存されています。

> **マメ蔵　凸形車体**……横から見ると凸形に見える車体です。車体の中央に両方向の運転室があるので、運転士が移動しやすく、短時間で何度も向きを変えられます。そのため、この車体は入れ換え用の機関車によく用いられます。

3章　西武鉄道の車両のひみつ

バッテリー機関車・井笠・頸城……
旧山口線の車両たち

現在の山口線は新交通システムとなっていますが、もともとは1950（昭和25）年に開業した軽便鉄道で、バッテリー機関車が小さな客車を牽いていました。1970年代にはSLも運転されていました。

バッテリー機関車で走っていた「おとぎ列車」

　B11形バッテリー機関車は1950（昭和25）年に投入されました。凸形車体の2軸単車で、運転台の3枚窓、屋上の鐘、尾灯に見える通風口など、風変わりなディテールが特徴です。1号機は中島電気自動車製、2号機から5号機までは自社の所沢工場製でした。電源は80Vの蓄電池2個で、15馬力の吊り掛けモーター2個を駆動するシステムです。路線が短かったので、1回の充電で何度も往復できました。

　バッテリー機関車が牽く客車列車は「おとぎ列車」と呼ばれました。B11形は、開業時に導入されたB1形に続く2代目です。このB11形が、旧山口線の営業終了まで使用されました。

廃止路線から借り入れていた蒸気機関車

　蒸気機関車牽引列車の運転は、日本の鉄道開業100周年にあたる、1972（昭和47）年から実施されました。このプログラムの実施にあたっては、新潟県の頸城鉄道と、岡山県の**井笠鉄道**のSL（各1両）に白羽の矢がたてられました。両社とも軌間762mmの稀少な軽便鉄道でしたが、

バッテリー機関車に牽引される往年のトロッコ客車。列車は今はなき多摩湖ホテル前駅に停車している
写真提供：RGG

ユネスコ村と西武遊園地を結ぶ軽便鉄道 大手私鉄では珍しいバッテリー機関車が活躍

3章　西武鉄道の車両のひみつ

当時のSLブームに乗り、西武にもSLが導入されたが、その活躍期間は短かった

SL時代の後期は台湾・台糖公司のSLを譲り受け、5形機関車として使用していた

当時は営業廃止からまだ日が浅く、現役復帰の容易な車両がたくさん残っていたのです。

　頸城鉄道からはコッペル社製の2号機（軸配置0-C-0）が導入され、頸城地方の英雄にちなんで「謙信号」と名づけられました。井笠鉄道のSLは同じコッペルの1号機（軸配置0-B-0）で、こちらは「信玄号」と名づけられています。さらに、1977（昭和52）年には台湾の台糖公司からもコッペル機が導入され、謙信号・信玄号の後継機となりました。

　SLが牽引する客車は、井笠鉄道の31形でした。この客車はオープンデッキの古典的なスタイルで、古きよき時代を彷彿とさせました。軌間762mmというコンパクトなサイズも、乗客にとって身近な乗り物という印象を与えていたようです。この蒸気列車は、春から秋の休日を中心に運転されました。

　軽便鉄道としての山口線は1984（昭和59）年に営業を終了し、終点をユネスコ村駅から西武球場前駅に変更したうえ、新交通システムに生まれ変わりました。バッテリー機関車は3両が西武で解体、他の2両は大井川鉄道で生涯を終えています。頸城と井笠の車両は返却され、台湾のSLは国内と台湾に分かれて転出しました。なお、新交通システムの山口線は、1985（昭和60）年に営業を開始しています。

> **マメ蔵　井笠鉄道**……1911（明治44）年に創業した鉄道会社で、1913（大正2）年に最初の区間が開業すると以後小刻みな延伸を繰り返しました。1971（昭和46）年に鉄道事業からは撤退しましたが、現在もバス会社として営業しています。

137

全国の地方私鉄で活躍する西武鉄道の車両たち

自動車に中古車市場があるように、鉄道業界にも中古車市場があります。西武鉄道でも、新型車両の導入などで余剰になった旧型車両を、全国各地の地方私鉄に売却しています。

展望客車に改造された電車も存在

　2012（平成24）年9月現在、元西武車を営業列車で運用している地方私鉄は8社です。特に伊豆箱根鉄道と近江鉄道は、西武グループの傘下企業ということもあり、古くから西武車を譲り受けていました。

　1960年代に導入された501・601・701・801・401系（2代目）は、後に登場した101系など新型車両の導入で余剰となり、1980年代から1990年代にかけて、地方私鉄に転出しました。現在は流鉄（旧・総武流山電鉄）、三岐鉄道、上信電鉄、大井川鐵道、近江鉄道で運用されています。蒸気機関車の運転で有名な大井川鐵道では元501系の2両を客車に改造し、お座敷車のナロ80形と旧国鉄展望車風のスイテ82形に生まれ変わらせました。また、近江鉄道の700・800・820系（元401系）のうち、700系は先頭部が流線形状に改造されるなど、一見して401系とはわからないほど外観が変化しています。

701系・801系は流鉄に移籍し同社の2000系として第二の人生を送っている。流鉄での登場年は1994年　写真提供：大野雅人

地方に行っても西武スピリッツは永遠！全国で活躍する西武OBたち

富山地方鉄道の16010形（元・5000系）写真提供：大野雅人

元新101系の流鉄の5000系。こちらは2009年に流鉄入りしている。鮮やかなカラーリングとなりイメージがだいぶ変わった　写真提供：大野雅人

昔懐かしい初代レッドアローは富山へ

　近年は1970年代に大量導入された101系の転出が続いており、流鉄や秩父鉄道、上信電鉄、伊豆箱根鉄道、三岐鉄道、近江鉄道で活躍しています。

　秩父鉄道では西武鉄道の列車が乗り入れていますが、101系（新）を譲り受けて急行列車用に改造した6000系も運用されており、現役西武車と元西武車が共演するという、面白い光景が見られます。

　譲渡車両の多くは通勤形電車ですが、観光路線の性格が強い富山地方鉄道は初代レッドアロー 5000系の車体を譲り受け、16010形に改造しました。走行装置は2代目レッドアローの10000系に転用されたため、代わりにJR九州から購入した旧・国鉄車両の**廃車発生品**を使用しています。

　このほか、終戦直後に製造された凸形電気機関車のE31形（初代）が伊豆箱根鉄道に、1986（昭和61）年製造の箱形電気機関車のE31形（2代目）が大井川鐵道にそれぞれ譲渡され、現存しています。

　地方私鉄に譲渡されても、西武の車両は使い勝手がよいと評判です。今後も西武鉄道の車両は、続々と地方私鉄に譲渡されていくことでしょう。

> **マメ蔵**
> **廃車発生品**……廃車になった車両は解体されますが、状態のいい部品は再利用され、部品単位の譲渡も盛んです。富山地方鉄道の16010形も、台車やモーターなどは旧国鉄485系の廃車発生品を再利用しています。

4章

西武鉄道の施設のひみつ

西武鉄道は施設の改善に力を入れています。安全運転を確保する運行管理システムや各種保安装置、防音装置、バリアフリー対策施設なども近年目覚ましく進歩しています。また、私鉄有数の山岳区間を持つ西武鉄道には長大な橋梁やトンネルがあり、構造物にも多くの見どころがあります。この章では西武鉄道の先進的な各種施設について紹介します。

西武鉄道の保安装置にはどんなものがある？

鉄道をはじめとした大量輸送機関において、安全運行は最大の使命といえます。事故が発生した際、被害が大きいためです。西武鉄道も安全な運行を確保するべく、ATSなどの保安装置を導入しています。

「安全の原則」を守るための自動装置

　列車の安全確保において、絶対に守らなければならないのが「列車同士を衝突させない」ことです。鉄道は大量輸送機関ですから、ひとたび衝突事故が発生すると、100人以上が死傷することも珍しくありません。

　鉄道においては、線路を一定の区間（閉そく区間）に区切り、「一つの閉そく区間には一つの列車しか進入できない」というルールを定めて衝突事故を防いでいます。この原則を守るための基本的な設備が信号装置で、運転士は信号機の表示を確認して列車の速度を調整、または停止させ、「1閉そく1列車」の原則を守っているのです。

　しかし、運転士に頼り切った信号システムでは、信号の見落としといったヒューマンエラーを防ぐことはできません。このため、現代の鉄道においては、自動的に列車を停止させたり速度を調整したりする保安装置が普及しており、衝突事故を防止しています。

ATS（AUTOMATIC TRAIN STOP）
自動列車停止装置を指します。西武鉄道のATSは「高周波連続誘導車上速度照査式」で、乗務員が運転動作を誤り、列車の速度が高くなり過ぎた時、列車を止めて安全を保つシステムです。

ATC（AUTOMATIC TRAIN CONTROL）
自動列車制御装置を指します。西武鉄道のATCは車内信号式自動列車制御装置（CS-ATC）で、西武有楽町線にのみ導入されています。レールに設けられた軌道回路に、先行列車の位置などを勘案して作成されたATC信号（速度信号）を流し、車内では列車の許容最高速度を示す信号を表示し列車の速度を制御しています

CTC（CENTRALIZED TRAFFIC CONTROL）
列車集中制御装置を指します。多摩川線武蔵境〜是政駅間で導入されています。白糸台駅多摩川線運転司令所の中央操作卓で信号操作を集中制御しています。

大量輸送を支える セーフティーネット ATSとATCは 縁の下の力持ち

6000系の運転台。ATC区間である有楽町線では速度計の外側にある標示灯が点灯し、運転士に直接制限速度が伝えられる

私鉄のATSは会社によって仕様が大きく異なる。西武は相鉄と同様に線路上の地上子が設置されない仕様 写真提供：石塚純一

西武鉄道は高性能ATSとATCを導入

　西武鉄道は西武有楽町線を除く全線に自動列車停止装置（ATS）を導入しており、このうち山口線以外の路線では、「高周波連続誘導車上速度照査式」と呼ばれる高性能なATSを採用しています。このATSは、地上の信号に連動したATS信号をレールに流して列車に伝達し、これに基づき列車側の装置（車上装置）が走行許容速度の情報を作成します。この速度情報と実際の運転速度を車上装置が常に比較し、速度を出し過ぎたりレールのATS信号が途切れたりすると、直ちに非常ブレーキがかかります。

　一方、西武有楽町線では自動列車制御装置（ATC）が導入されており、車内信号式のCS-ATCを採用しています。先行する列車の位置や進路に応じて作成されたATC信号をレールに流し、列車内では最高許容速度を示す信号を表示し、それに従って列車の速度を自動的に調整しています。

> **マメ蔵　地上子**……多くのATSは、2本のレール間に「地上子」と呼ばれる伝達装置を設置し、ここからATS信号を列車に送っています。しかし、西武線ではレールにATS信号を流しているため、地上子は設置されていません。

西武鉄道の運行管理システム「SEMTRAC」の特徴は?

運転本数が多い大都市圏の鉄道では、総合的な運行管理が求められます。西武鉄道ではコンピューターによる管理システムを導入し、異常発生時の迅速な対応を可能にしています。

鉄道の安全運転は各種の保安装置によって守られる

運転本数の増加で導入されたシステム

　かつての鉄道は、駅ごとに信号装置を操作していましたが、後に一箇所で遠隔操作する列車集中制御装置（CTC）が導入されるようになり、運行管理を一元的に行うことが可能になりました。しかし、列車の運行本数が増加するとCTCだけでは対処しきれず、異常発生時には迅速な運行時間の調整や利用者に対する案内が困難になりました。そのため、近年はコンピューターを活用した総合的な運行管理システムが導入されるようになりました。

基本は「管理は中央、制御は分散」

西武鉄道では、Seibu Multiple Traffic Control、略してSEMTRAC（セムトラック）と呼ばれる運行管理システムが導入されています。このシステムは、中央の運転司令所と各駅にそれぞれコンピューターを設置し、「管理は中央、制御は分散」を基本としています。中央と駅を結ぶ伝送路が故障しても、駅単独で自動制御できるようにし、システムとしての柔軟性を高めています。

中央コンピューターは列車ダイヤを作成して各駅のコンピューターに伝送し、各駅のコンピューターはそれに基づき信号を自動制御します。また、駅のコンピューターからは列車の運行状況や設備の状態、気象情報が中央コンピューターに伝送され、異常発生時の一元的、かつ迅速な対応を可能にしています。利用者の案内もSEMTRACで管理されており、中央コンピューターから送られてきたダイヤ情報に基づいて**自動的に放送**を行ったり、列車案内表示器に列車の種別や行き先、発車時刻、遅延情報などを表示したりします。

なお、実際の管理は池袋線系の84.6km（池袋線、西武有楽町線、豊島線、西武秩父線、狭山線）と新宿線系の81.2km（新宿線、西武園線、拝島線、国分寺線、多摩湖線）で分けられており、例えば池袋線系でトラブルが発生しても、新宿線系の運行には影響しないよう配慮されています。

独自の集中管理システムにより安全を確保
駅の案内放送も連動

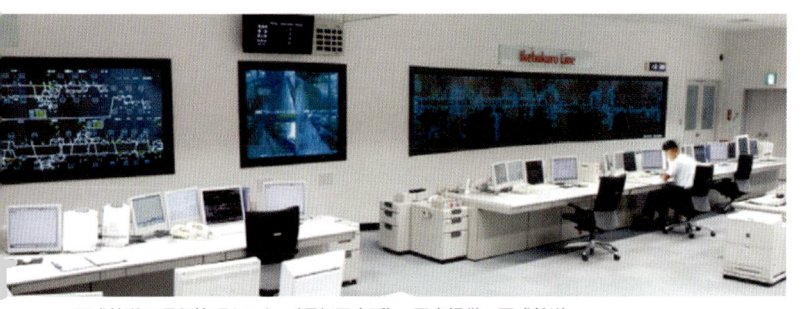

西武鉄道の運行管理センター（運転司令所）　写真提供：西武鉄道

> **マメ蔵**
> **自動放送の声**……駅構内の自動放送は、あらかじめ録音しておいたものが流されます。西武鉄道の列車接近予告放送では、アナウンサーの豊田真由美が上り線、声優の関根正明が下り線を主に担当しています。

電力設備を集中管理する西武鉄道の電力管理システム

電化された鉄道路線では大量の電気を必要とします。西武鉄道は電力管理システムを用いて変電所などの電力設備を集中管理し、列車の安定運行を図っています。

高麗駅の東側にある高麗変電所

大量の電気が必要な電化鉄道

　西武鉄道は全線が電化されています。営業用の車両も電車が用いられており、線路上に敷設された架線から電力を取り入れ、モーターを回して走行しています。また、駅の照明や信号機、踏切警報機なども電気で動作しています。

　西武鉄道の場合、1日あたりの電力消費量は平均117万kWh（2010〈平成22〉年度）で、これは一般家庭12万世帯の使用量に匹敵します。電化された鉄道路線を運営するためには大量の電気が必要であり、電気がなければ安定的に運行することができません。実際、戦前に池袋線を運営していた武蔵野鉄道は、経営の悪化による電気料金の滞納で送電が制限され、列車の速度を落として運行したことがありました。都市部の鉄道にとっては電気の供給システムの整備が不可欠なのです。

24時間体制で電力設備を監視

現在の西武鉄道では、電力会社から送られてくる特別高圧の交流電気を運転用電力の直流1500V（山口線は750V）に変換し、架線を経て電車に送っています。一方、駅の照明や信号機などで使用する付帯用電力は交流6600Vに変換し、高圧配電線を経て信号機や電灯に送られています。

特別高圧交流電気を運転用電力や付帯用電力に変換するための施設が変電所で、西武鉄道では西武線沿線の34箇所に変電所を設けています。

電化された鉄道において、電力設備のトラブルは定時運転の致命傷になりかねません。そのため、所沢に設けられた電気指令が各地の変電所をはじめ、架線などの電路設備、信号や踏切などの保安設備などの電気設備を24時間体制で監視しており、電力管理システムを用いて集中的に管理しています。

電力管理システムにおいては、各種電気系統の状態と異常を感知する系統監視機能、故障の種類を選別して各種機器を自動的に作動させる故障処理機能、変電所機器の運転や停止を自動制御するスケジュール運転機能、夜間の停電作業を申し込みから実施まで一元管理する計画停送電機能などを備えています。

早くから一元管理体制を採用
電車運行の要となる
すぐれた電力供給システム

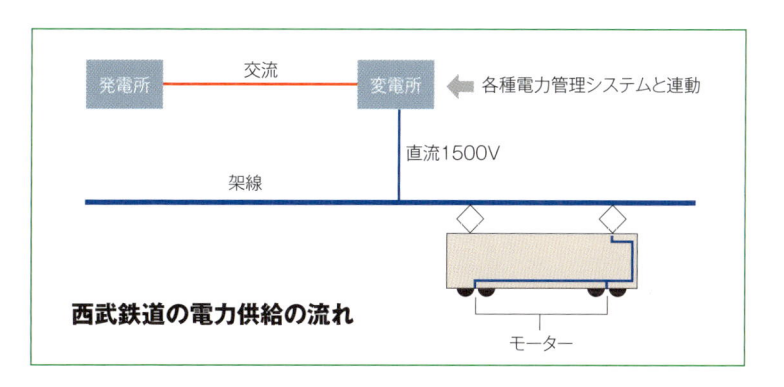

西武鉄道の電力供給の流れ

発電所 —交流→ 変電所 ← 各種電力管理システムと連動

架線　直流1500V　モーター

> **鉄道会社の発電所**……多くの鉄道会社は電力会社から電気を購入していますが、JR東日本は自前の発電所を所有しており、神奈川県川崎市内に火力発電所、新潟県内の信濃川流域に水力発電所を設置しています。

西武鉄道の踏切には
どんなものがある?

鉄道と道路が平面で交差する部分を「踏切」と呼びます。西武鉄道にはユニークな形の踏切もありますが、近年は線路の高架化により数を減らしつつあります。

V字型の踏切がある池袋線

　西武鉄道の踏切は休止中の安比奈線を除く346箇所にあり（2012〈平成24〉年7月現在）、その多くは警報機と遮断機を備えています。原則として起点側に近い駅名を基準に番号を振った名前が付けられており、例えば、椎名町駅から下り線（東長崎方向）で2箇所目の踏切は「椎名町2号踏切」と呼ばれます。踏切が廃止された場合は番号の振り直しを行うことがなく、一部に欠番が生じています。

　西武鉄道の踏切のなかでも特にユニークなのが、池袋線の池袋駅から4箇所目にある池袋5号踏切です。踏切のすぐそばで二つの道路がV字型に交差しており、線路の北側はそれぞれの道路に警報機と遮断機を置いていますが、道路が合流する南側は警報機が一つにまとめられています。このため、2箇所で道路と交差しているにもかかわらず、踏切設備としては1箇所として数えられており、全国的にも珍しい形態の踏切として知られています。

保谷駅東側の踏切。電留線に面するため係員が操作している

進む踏切の安全対策
高架化により踏切そのものの解消へ

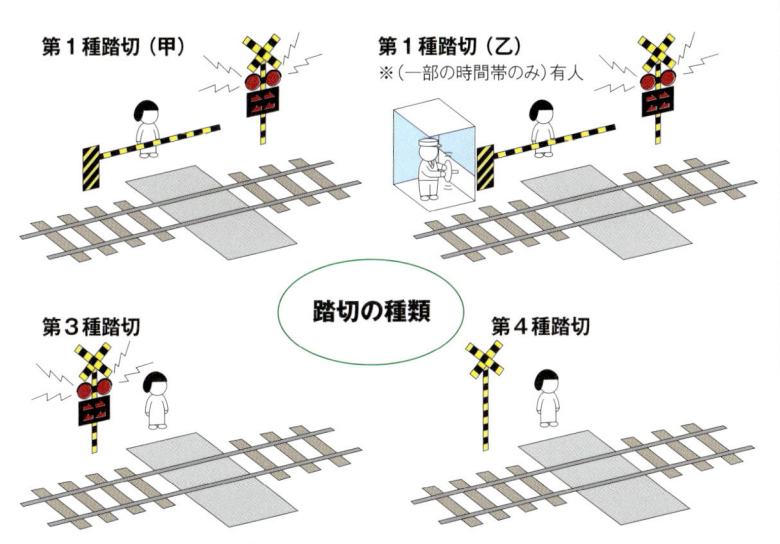

第1種踏切（甲）

第1種踏切（乙）
※（一部の時間帯のみ）有人

踏切の種類

第3種踏切

第4種踏切

現在西武鉄道には第3種踏切・第4種踏切はありません

進められる連続立体交差事業

　踏切は列車の通過時に道路をふさぐため、自動車や歩行者の流れが一時的に止まります。列車の運転本数が増えると道路を遮断する時間も長くなり、道路渋滞の原因になってしまいます。遮断時間の長さにしびれを切らした自動車や人が踏切内に無断侵入し、列車と衝突するという事故も絶えません。

　このため、道路渋滞が激しい大都市圏を中心に、鉄道と道路を立体交差させて踏切を解消する工事が実施されることがあります。このうち、線路を高架や地下に移設することで、複数の踏切を連続的に解消する事業のことを「**連続立体交差事業**」と呼びます。

　西武鉄道でも連続立体交差事業により、池袋線桜台～石神井公園間が高架化されました。現在は石神井公園～大泉学園間で高架化工事が進められており、新宿線でも中井～野方間と東村山駅付近で連続立体交差事業の実施が計画されています。

> **マメ蔵**　**連続立体交差事業の財源**……連続立体交差事業は周辺の再開発や道路交通の改善を目的としています。このため、事業費の9割程度は自動車税やガソリン税を財源とした国や自治体の補助金が充てられます。

4章　西武鉄道の施設のひみつ

西武鉄道はどんなバリアフリー対策に取り組んでいる?

公共交通は法律に基づき、高齢者や身体障害者に配慮した設備を設けることが義務づけられています。西武鉄道も車内に車椅子スペースを設けるなどの対策を講じています。

4000系の車椅子スペース。座席を撤去して確保している

法律に基づいたバリアフリー化を徹底

　鉄道を含む日本の公共交通は、2000（平成12）年に制定された「高齢者、身体障害者等の公共交通機関を利用した移動の円滑化の促進に関する法律（交通バリアフリー法）」と、2006（平成18）年に交通バリアフリー法を廃止して新たに制定された「高齢者、障害者等の移動等の円滑化の促進に関する法律（バリアフリー新法）」に基づき、高齢者や身体障害者の移動を円滑にするための施設を設けることが義務づけられました。

　西武鉄道でも、駅や列車内の設備の改良により、高齢者や身体障害者の物理的、あるいは精神的な障壁（バリア）を取り除く「バリアフリー化」が進められています。最も目立つのが段差の解消で、駅のコンコースからホームに連絡する部分など、上下方向への移動を伴う部分にエスカレーターやエレベーター、スロープなどを設置し、駅の入口からホームまで段差

誰でも気軽に利用できる鉄道を目指して さまざまなバリアフリー対策が進行中

駅にはエレベーターの設置が進む

点字の構内案内図が設置されている駅もある

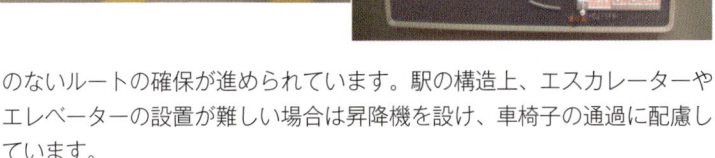

のないルートの確保が進められています。駅の構造上、エスカレーターやエレベーターの設置が難しい場合は昇降機を設け、車椅子の通過に配慮しています。

このほか、人工肛門や人工膀胱を持つ人（オストメイト）に対応した多機能トイレ、車椅子に乗ったまま通過できる幅広の自動改札機、視覚障害者への情報提供として点字運賃表の設置なども進められています。

折りたたみ椅子がある車椅子スペース

車両についてもバリアフリー化が進められています。ホームと車内の床面で段差が生じないよう、最近の車両は床面を少し低くしてホームの高さに近づけています。また、車内には1編成中1～4箇所に座席のない車椅子スペースを設けています。

ちなみに、2003（平成15）年度に製造された20000系第5次車では、先頭車の車椅子スペースの部分に折りたたみ椅子を設けています。車椅子の利用者がいない場合は、椅子を引き出して座ることができるようになっています。

> **簡易筆談器**……西武鉄道では一部の駅を除いて簡易筆談器を用意しています。タブレット端末のように文字などを画面に描くことができ、聴覚や言語に障害を持つ方への各種案内に対応しています。

4章 西武鉄道の施設のひみつ

西武鉄道のトンネルには どんなものがある?

かつてはトンネルがほとんどなかった西武鉄道ですが、西武秩父線の開業で一気にトンネルの数が増えました。開業当時は日本一長い私鉄トンネルもありました。

関東平野と秩父盆地を分かつ正丸峠にある正丸トンネル

1969年の西武秩父線開業で一気に16箇所に増加

　西武鉄道は平坦な地形に線路を敷いた路線が多く、トンネルがほとんどありません。実質的には遊園地内の移動施設である山口線に、短いトンネルがいくつかありますが、それを除くと池袋線東吾野～吾野間の鎌倉坂トンネルが、西武唯一のトンネルでした。

　しかし、1969（昭和44）年に池袋線を延伸する形となる西武秩父線吾野～西武秩父間が開業すると、西武鉄道のトンネルは一気に16箇所に増えました。吾野から先は険しい山岳地帯であり、必然的にトンネル中心のルートを採用することになったのです。西武秩父線は営業距離19.0kmのうち、約4割にあたる7,749.78mがトンネルになっています。

中間地点に信号場がある 正丸トンネルは 私鉄有数の名隧道

山口線にある西武鉄道で最も短いトンネル

一時は私鉄最長だった正丸トンネル

　西武秩父線のトンネルで最も長いのが、正丸～芦ヶ久保間に設けられた正丸トンネルです。埼玉県飯能市と秩父郡横瀬町の境界線上にある正丸峠の下を通るトンネルで、全長は4,811m。当時は西武最長というだけでなく、私鉄のトンネルとしても日本一の長さを誇りました。

　西武秩父線は全線が単線ですから、対向列車との行き違いは駅で行われます。しかし、正丸トンネルを挟む正丸～芦ヶ久保間は駅間距離が6.1kmと長く、ダイヤ編成の都合上、トンネル内での行き違いも想定されました。このため、正丸トンネルのほぼ中間部に正丸信号場が設けられました。

　正丸トンネル内は正丸信号場の部分のみ2本の線路が敷かれており、これを使って上下線の列車の行き違いのほか、特急列車の追い越しに伴う各駅停車列車の待避が実施されています。

　正丸トンネル開通から6年後の1975（昭和50）年、近畿日本鉄道大阪線の新青山トンネル（5,652m）が開通しました。これにより、正丸トンネルは私鉄最長トンネルの地位を奪われましたが、現在も在京大手私鉄では最も長いトンネルとなっています。

> **マメ蔵**　**駅もあるトンネル**……第三セクター鉄道のトンネルでは、新潟県の北越急行ほくほく線魚沼丘陵～しんざ間にある赤倉トンネル（10,472m）が最長です。こちらはトンネル内に赤倉信号場と美佐島駅が設置されています。

西武鉄道の橋梁には
どんなものがある？

私鉄最長だったこともあるトンネルに対し、西武の橋梁は短いものが大半です。西武最長の入間川橋梁は、私鉄有数の名橋梁として知られており、大正初期に建設されたレンガ積みの旧橋梁も残っています。

仏子〜元加治間にあるガーダー橋の入間川橋梁

最も高い鉄橋は第15高麗川橋梁

　西武鉄道の橋梁は922箇所ありますが、そのほとんどは短く、最も長い池袋線仏子〜元加治間の入間川橋梁でも169.9mしかありません。かつては私鉄最長で、現在も第三セクターなどを除く純民間経営の私鉄では第2位を誇る正丸トンネル（152〜153ページ）とは対照的です。ちなみに、最も高い橋梁は西武秩父線の第15高麗川橋梁で、水面からの高さが32.0mあります。

　入間川橋梁は1915（大正4）年、池袋線池袋〜飯能間の開業と同時に使用を開始しました。当初は単線の橋梁でしたが、1969（昭和44）年に仏子〜笠縫（元加治〜飯能間にあった信号場。2001〈平成13〉年廃止）間が複線化された際、従来の橋梁の北側に複線の橋梁が新たに建設され、前後のルートも変更されました。

現在の入間川橋梁は、橋桁の上に線路を敷いたプレート**ガーダー橋**で、橋脚はコンクリートで構築されています。見通しがよいことから、西武鉄道でも有数の列車の撮影スポットとして多くの鉄道ファンが訪れています。

レンガ積みの旧橋梁も健在

この入間川橋梁の脇には、赤さびた単線の橋梁が架かっています。この橋梁こそ、複線化に伴って使用を中止した旧・入間川橋梁です。橋梁の前後にあった旧線路は既に撤去され、線路敷地の名残もほぼ消滅していますが、橋梁部は治水上の危険性がないと判断されているのか、現在も放置されたままになっています。

旧橋梁は現在の橋梁と同じプレートガーダー橋ですが、橋脚や橋台は「イギリス積み」と呼ばれるレンガ積みで構築されています。東京駅の丸の内駅舎と同様、明治末期～大正初期のレンガ建築物の姿を今に伝える、貴重な遺構といえるでしょう。土木学会の土木史研究委員会が編集した『日本の近代土木遺産』でも、現存する重要な土木構造物の一つとして取り上げられています。近年の廃線跡ブームもあり、訪れる人も増えています。

橋梁の数は922！
旧・入間川橋梁は
鉄道遺産として人気

1969年に廃止された旧橋梁

> **マメ蔵　ガーダー橋**……二つ以上の橋台や橋脚（支点）に、桁を水平に架けた橋梁を「ガーダー橋」と呼びます。構造としてはシンプルですが、支点間を長くすることができず、橋梁が長くなればなるほど橋脚の数が増えます。

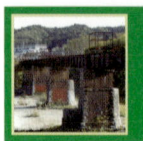

西武鉄道が進める防音対策の数々

どんなに便利な乗り物でも騒音や振動が大きければ、沿線住民にとっては不快な存在でしかありません。西武鉄道もさまざまな対策を講じ、騒音や振動の軽減に力を入れています。

防音壁やロングレールで音を抑え込む

　鉄道を含む乗り物は、スピードアップすればするほど到達時間が短くなり、利用者の利便性も向上します。その一方、速度の向上に伴って騒音も大きくなる傾向にあり、線路の近くに住む人にとっては不快に感じられることがあります。沿線住民の理解と協力を得るためにも、騒音対策に力を入れなければなりません。

　西武鉄道も地上と車両の両面から騒音の軽減に力を入れています。地上側の定番といえるのが高架橋に設置されている防音壁で、線路の両側に高さ数メートル程度の壁を連続的に設置し、車両から発生する音を線路内で抑え込んでいます。

　また、レールの継ぎ目で「ダダンダダン」という音が発生しますが、西武鉄道では長いレール(ロングレール)の導入を早くから進めており、継ぎ目音の発生地点を減らすようにしています。これは乗り心地の改善にも役立っています。

弾性バラスト・直結軌道の拝島線小平～小川間。
こちらも騒音防止への取り組みの一環である

高架区間のほとんどの区間に防音壁が設置されている

ロングレールに弾性枕木 環境に優しい鉄道を目指して防音対策が進行中

レール交換時に用いられるモーターカー

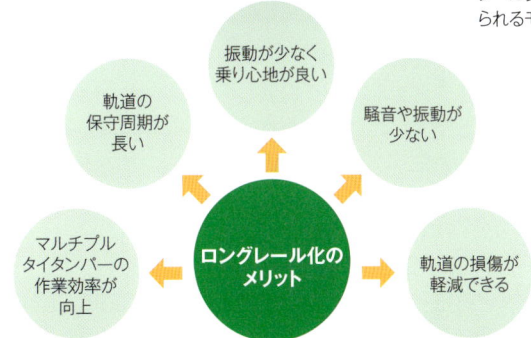

ロングレール化のメリット
- 振動が少なく乗り心地が良い
- 騒音や振動が少ない
- 軌道の損傷が軽減できる
- マルチプルタイタンパーの作業効率が向上
- 軌道の保守周期が長い

車両は軽量化や機器類の変更で対応

　地上側の軽減策は、車両から発生した音を抑え込むものですが、車両側でも音自体を軽減する対策が講じられています。

　列車を高速で運行すればするほど空気抵抗が大きくなり、当然ながら風切り音も大きくなります。そこで西武鉄道は、ステンレス製やアルミ製の車体を採用したり、構造が単純なシングルアーム式パンタグラフを採用して車両の軽量化を図り、空気抵抗を小さくしています。特にシングルアームは空気の当たる面積が小さく、風切り音の軽減に大きな効果があります。

　騒音は空気抵抗によるものだけではありません。各種機器類から発生する動作音の軽減も必要です。鉄道車両の補助電源装置は、かつては回転式の発電機が主流でしたが、現在は静止型インバータ（SIV）によって騒音を軽減しています。一方、警笛の音は安全運行のために必要な音ですから、電子ホーン化によって音色を和らげています。

> **マメ蔵** **建設反対運動**……鉄道建設反対運動の多くは騒音や振動を理由に展開されます。東北新幹線が末端側（大宮～盛岡）を先に開業したのも、都心側（東京～大宮）で激しい反対運動が繰り広げられたためです。

4章　西武鉄道の施設のひみつ

Twitterで情報発信!
先進的な運行情報開示システム

インターネットの普及に伴い、鉄道会社はホームページで運行情報を提供するようになりましたが、西武鉄道はTwitterでも運行情報を配信しています。

運行情報をSNSでも提供

　鉄道会社はインターネット上に開設したホームページで時刻表や運賃、観光案内など、さまざまな情報を提供していますが、その中でも定番といえるのが運行情報です。西武鉄道もホームページで運行情報を提供していますが、2012(平成24)年からは「Twitter(ツイッター)」でも運行情報の提供を開始しました。

　Twitterとは、140字以内の短文を投稿できる、ソーシャルネットワーキングサービス(SNS)の一種です。Twitterに登録すると、登録者専用のページ(タイムライン)に自分の投稿と、自分で選択した他のユーザーの投稿が時系列で表示されます。また、投稿に対して返信することで、他のユーザーとのコミュニケーションを取ることもできます。

西武鉄道公式Twitter

TwitterとFacebook。新たなツールでの情報発信にも余念がない西武鉄道

西武鉄道公式Facebook

平常運行時も1日2回配信

　西武鉄道がTwitter上で提供している運行情報は、基本的にはホームページで提供しているものと同じです。列車の運行において15分以上の遅れが発生、もしくは見込まれる場合、復旧までの途中経過を含めた運行情報が配信されます。輸送障害が発生していない場合も1日2回（7時・17時）、平常運行している旨の短文が配信されます。

　Twitterは本来、コミュニケーションの場を提供するサービスであり、ユーザー同士のやりとりが面白いのですが、西武鉄道の運行情報は一方的に配信されるだけで、他の一般ユーザーとのやりとりは行っていません。しかし、西武鉄道のTwitterアカウントを常時閲覧できるよう登録しておけば、自分のタイムラインに運行情報が速報的に表示されるようになり、ホームページの運行情報ページにアクセスする手間が省けます。また、Twitterはさまざまな端末（パソコン、携帯電話、スマートフォンなど）に対応しており、利用者は端末環境に合わせて運行情報を確認できるという利点もあります。

> **マメ蔵**
> **Facebook**……西武鉄道を含む西武グループは、やはりSNSサービスのFacebookに専用ページを開設しています。こちらはグループ各社のお知らせやイベントなどの案内を中心に情報を発信しています。

5章

西武鉄道
トリビア

写真提供：西武鉄道

西武鉄道は、全国の私鉄に先駆けさまざまな先進的な施策に取り組んでいます。また、ホテルや各種観光施設をはじめとする関連事業を展開し、その知名度は首都圏のみならず全国に及んでいます。この章では西武鉄道の知られざるエピソードや、各種のユニークなサービスについて紹介。各種の企画乗車券についても詳述します。

復刻塗装が大人気
現代に復活したレッドアロー塗装!

特急列車のニューレッドアロー10000系は、1編成のみ「レッドアロー・クラシック」として運転されています。近年の鉄道復刻色ブームを受けてのものです。初代レッドアローを再現したクリームと赤帯の塗装が特徴です。

往年の名車・5000系の復刻塗装を施した10000系。西武秩父駅にて

創業100周年の記念事業として復活

　近年の鉄道車両は、車両の修繕などに合わせて車体の塗色を変更するケースが増加していますが、中には「リバイバルカラー」と称し、変更した塗装を元の塗装に戻すことがあります。運転開始○周年などの節目の時期や、廃車間際の引退記念運転といったイベントに合わせ、一時的に元の塗装に戻されることが多いようです。

　西武鉄道は2012（平成24）年に創業100周年を迎えたことから、記念事業の一環として初代レッドアローのリバイバルカラー列車を運転することにしました。しかし、初代レッドアローの5000系は1993（平成5）年に引退しており、塗り直しの対象となる車両が既に存在しません。そこで、現在の特急用車両であるニューレッドアローの10000系12編成のうち、1編成（10105編成）のみ5000系に似たデザインで塗装し直しました。2011（平成23）年11月27日から、「レッドアロー・クラシック」として運転を開始しています。

5章 西武鉄道トリビア

クリーム+赤のツートンはオールドファンに大人気!

車体には「レッドアロー・クラシック」のロゴが入る

1986年に登場、2010年まで活躍した西武鉄道最後の電気機関車E31形もレッドアローと同様のカラーリングであった
写真提供：RGG

飾り板はラッピングフィルムで再現

　かつての5000系はクリームを地色とし、車体側面は窓下に太い赤帯、窓上に細い赤帯を配していました。レッドアロー・クラシックも同じ塗装に変更され、側面から見ると5000系なのか10000系なのか、一瞬わからなくなるほどです。一方、先頭車の前面は、5000系の運転台窓下にあったステンレス製の飾り板が10000系にはなく、ラッピングフィルムで飾り板を再現しています。ライトの位置も、5000系の前面下部に対し、10000系は前面中央の運転台窓下にあり、本来は飾り板がある部分にライトが入り込んでいます。

　リバイバルカラーは懐かしさを感じさせてくれますが、列車に乗ってしまえば見ることができません。そこで、レッドアロー・クラシックでは乗客にも懐かしさを感じてもらえるよう、座席の背面テーブルに西武線沿線の昔の写真を掲出しています。

> **マメ蔵** **海外のレッドアロー**……モスクワ〜サンクトペテルブルグ間を結ぶ寝台特急の名は『クラースナヤ・ストリラー』。ロシア語で「赤い矢」＝レッドアローを意味します。ソ連時代の1931（昭和6）年に運転を開始しました。

所沢に西武鉄道直営の車両製造所があったって本当?

鉄道車両の多くは、鉄道会社の発注を受けた鉄道車両メーカーが製造しています。しかし、西武鉄道では一時期、直営の所沢工場で車両を製造していたことがありました。

【上】多くの車両を製造してきた所沢車両工場。最後の製造車両は9000系であった 写真提供:大野雅人 【右】所沢車両工場出身車である9000系の製造銘板

戦災車両の修繕から車両の製造へ

終戦直後の西武鉄道にとって、最初の課題は戦争で荒廃した車両の修繕でした。そこで西武グループは、車両の修繕などを担当する復興社(後の西武建設)を設立し、1946(昭和21)年に同社の所沢車両工場が設けられました。工場は所沢駅の東側に仮設されましたが、駅の南西側に旧陸軍の立川航空工廠所沢支廠があったことから、これを1947(昭和22)年に譲り受け、本格的な工場に生まれ変わりました。

西武鉄道は空襲で被災した国鉄電車(戦災国電)を大量に購入しており、これを修繕して車両不足を補うのが所沢工場の主要業務でした。1950(昭和25)年には国電の台枠を流用して車体を製造するようになり、これを機に国鉄技術者を大量に雇用しています。これにより所沢工場の技術力が向上し、1954(昭和29)年には完全な新車を製造するようになりました。

自社車両を製造した所沢車両工場
コスト削減を目的に惜しまれつつ閉鎖

5章 西武鉄道トリビア

往年の所沢車両工場の内部。右側に見えるのは新101系の塗装前のボディ　写真提供：RGG

工場の移転を機に車両製造を終了

　これ以降、所沢工場は5000系を除き、西武鉄道の車両を全て製造するようになりました。1973（昭和48）年には所沢工場が西武建設から西武鉄道に移管され、当時としては非常に珍しい、鉄道会社直営の鉄道車両製造工場になったのです。

　1979（昭和54）年からは、車両メーカーにも発注する分散製造体制に移行しました。さらに1981（昭和56）年、所沢駅西口周辺の再開発計画で池袋線飯能～高麗間（現在の武蔵丘信号場付近）に工場を移転することが決まり、再開発計画による工場の縮小も相まって、車両メーカーへの依存度が徐々に強まります。移転後の業務は車両の検査、修繕に限定されることになり、1999（平成11）年に車両製造業務は終了。2000（平成12）年には検修業務も終了して所沢工場は閉鎖されました。

　再開発計画が遅れているため、所沢工場の建造物は現在も残っていますが、そう遠くない時期に姿を消すことになると思われます。

> **マメ蔵　海外車両の製造**……所沢工場では車両の製造だけでなく、老朽化で廃車になった車両を地方私鉄に譲渡するための改造も担当していました。1968（昭和43）年にはコンゴ共和国向けの車両を製造したこともあります。

ファンサービスとして実施される車両基地の一般公開イベント

車両基地は、通常は一般の利用者が立ち入ることはできませんが、一般公開イベントが年に数回開催されています。西武鉄道の車両基地公開は当日参加も可能で、開催日は多くの来場者で賑わいます。

多くの形式が一堂に会するのも車両基地公開イベントの魅力だ　写真提供：西武鉄道

毎年3箇所で車両基地を一般公開

　多くの鉄道会社では、関係者以外立ち入ることができない車両基地（86ページ）の一般公開イベントを年に数回開催しています。これは鉄道ファン向けのサービスというだけでなく、検査・修繕のための施設を公開することで、沿線の住民や利用者に安全運行に対する理解を深めてもらうという目的もあります。西武鉄道では例年、6月に「西武・電車フェスタ in 武蔵丘車両検修場」、8～9月に「南入曽車両基地 電車夏まつり」、9～10月に「西武トレインフェスティバル in 横瀬」と題し、各車両基地を公開しています。

　大規模な検査修繕設備を持つ武蔵丘車両検修場の公開イベントは、台車と車体を切り離す作業など、検修作業の実演が中心です。これに対して南入曽車両基地では、電車との綱引きなどユニークな体験イベントが中心になっています。一方、横瀬車両基地では5000系レッドアローの先頭車など、既に廃車扱いとなっている電気機関車や電車などが多数保管されており、公開イベントではこれらの保存車両が外に引き出されて展示されます。

臨時列車で車両基地に直接アクセス

　横瀬車両基地は西武秩父線横瀬駅の裏手にありますが、新宿線新所沢〜入間間にある南入曽車両基地と、池袋線東飯能〜高麗間の武蔵丘車両検修場は付近に駅がなく、イベント開催時のアクセスは不便です。

　そこで、西武鉄道は横瀬車両基地の公開イベントを除き、車両基地に直接乗り入れる臨時列車を運転しています。南入曽車両基地のイベントでは、新所沢〜車両基地間を結ぶ列車が7往復程度運転され、途中で洗車機を通過して車両洗浄の様子を車内から見ることができます。

　一方、武蔵丘車両検修場イベントでは、池袋・西武新宿・飯能各駅と検修場を結ぶ臨時列車が3往復程度運転されます。普段は乗ることができない車両基地の線路を通ることができるのも、西武鉄道の車両基地公開イベントの魅力です。西武鉄道が新規ファン獲得にいかに力を入れているか、よくわかります。

鉄道ファン垂涎の車両基地公開
廃車扱いの車両も見学できる

武蔵丘車両基地の検修場。イベント時には普段見られない検修施設も公開される
写真提供：西武鉄道

> **マメ蔵　旧・保谷車両基地**……2012（平成24）年には西武鉄道の創立100周年を記念して、旧・保谷車両基地も公開されました。基地内で保管されていた旧・武蔵野鉄道の電気機関車（E11形）が、初めて一般に公開されています。

ロケに駅施設を開放!
「ロケーションサービス」の試み

西武鉄道は、映画やドラマの撮影地として駅や列車を提供するロケ地提供事業（ロケーションサービス）も行っています。さまざまな状況を想定した撮影が可能です。

ドラマや映画に鉄道のシーンは欠かせない　写真提供：西武鉄道

イメージ戦略の一環でロケ地を提供

　映画やテレビドラマは専用のスタジオにセットを組んで撮影されますが、実在する風景や施設で撮影されることもあります。このような撮影方法を「ロケーション撮影」、ロケーション撮影が行われる場所を「ロケ地」と呼び、リアリティを出すための有力な手段と考えられています。私たちの生活に深く浸透している鉄道も、リアリティを出すための有力なロケ地の一つといえるでしょう。

　従来、鉄道施設内における映画やドラマの撮影は、鉄道会社が映像制作会社の要望を受けて個別に対応するのが一般的でした。しかし、近年はイメージアップの観点から、ロケ地提供事業（ロケーションサービス）として積極的に展開している鉄道会社が増えています。映画やドラマのファン

西武の車両と施設を撮影用に公開
イメージアップにつながる画期的施策

作品タイトル	放映・上映会社	主演	撮影場所	放映・上映年度
『女たちは二度遊ぶ』	BeeTV	相武紗季ほか	車内	2009年度
『外事警察』	NHK	渡部篤郎	拝島駅・車内	2009年度
『天使の恋』	ギャガ	佐々木希	航空公園駅・車内	2009年度
『SP 野望編』	東宝	岡田准一	新桜台駅・車内	2009年度
『素直になれなくて』	フジテレビ	瑛太	中村橋駅・車内	2010年度
『新参者　赤い指』	TBSテレビ	阿部寛	中村橋駅・車内	2010年度
『熱中時代』	日本テレビ	佐藤隆太	新小金井駅	2010年度
『ツレがうつになりまして。』	東映	宮崎あおい	西武球場前・車内	2010年度
『パンドラⅢ 革命前夜』	WOWOW	江口洋介	東長崎駅	2011年度
『DOG×POLICE 純白の絆』	東宝	市原隼人	新桜台駅	2011年度
『麒麟の翼～劇場版・新参者～』	東宝	阿部寛	新桜台駅	2011年度

がロケ地を訪れることも多く、そのアクセスに鉄道を利用してもらうことで運賃収入も増えるという副次的な効果も期待できます。

さまざまな条件の施設が提供可能

　西武鉄道も、2011（平成23）年からロケーションサービスを本格的に開始しました。西武鉄道の場合、その広範な営業エリアを生かして都市部や郊外、山間部など、さまざまな条件の施設を容易に提供できるという利点があります。例えば、西武有楽町線の新桜台駅は地下駅で、天候に影響されることなく撮影することができます。

　また、西武ドームの最寄り駅である狭山線の西武球場前駅には臨時列車用のホームがあり、試合やコンサートなどのイベント開催時を除けば無人の状態です。一般の利用者に影響されることが少なく、自由度の高い撮影が可能といえます。

　1時間あたりの基本的な料金（税込み）は、駅構内の撮影料と施設使用料が42,000円で、これ以外に立ち会い人件費として平日3,150円がかかります。車両を使用した撮影は157,500円ですが、臨時列車を運転する場合は乗務員手配料なども発生します。

　今後、テレビドラマや映画で西武の駅や車両が登場する機会が増えていくことでしょう。

> **マメ蔵　西部警察**……脱線や爆破を伴う撮影はイメージ上の問題もあり、通常は鉄道会社に断られます。しかし、1982（昭和57）年放映の『西部警察 PART-Ⅱ』では、広島電鉄の協力により路面電車の爆破シーンが撮影されました。

恋愛をモチーフに沿線の魅力を発信「♥恋まち」ってどんな企画?

西武鉄道の「♥恋まち」は同社の社員チームの名称です。「恋を切り口にして沿線のまちの新たな魅力を発信」することを目的に、2011(平成23)年から活動を開始。注目を集めています。

恋ヶ窪駅に貼付された「♥恋まち」アート作品のボード

国分寺線の駅名をきっかけに本格展開

　日々の安全運行を最優先課題としている鉄道会社と「恋」という言葉の組み合わせには、違和感を覚える方も多いと思います。しかし、西武鉄道が「恋」をテーマにした企画を打ち出す理由は、西武線上にちゃんと存在します。国分寺線の国分寺〜鷹の台間には、「**恋ヶ窪**」という名前の駅があります。「恋」の付く地名はひじょうに珍しく、駅名となると恋ヶ窪駅のほか、JR北海道の室蘭本線母恋駅、三陸鉄道南リアス線の恋し浜駅(地名は小石浜ですが、地域振興を目的に駅名には「恋」を入れています)、智頭急行智頭線の恋山形駅と、全国にわずか4駅しかありません。

　2011(平成23)年に発生した東日本大震災で、東北地方の鉄道会社は甚大な被害を受けましたが、西武鉄道は同じ「恋」の付く駅がある三陸鉄道を積極的に支援することにしました。同年の「西武トレインフェスティバル in 横瀬」の会場では、三陸鉄道のグッズ発売や応援メッセージの募集を行う三陸鉄道応援ブースを出展するなど、三陸鉄道の復興支援を開始

三陸鉄道の支援で生まれたプロジェクト
恋をテーマに沿線活性化を図る!

西武鉄道沿線　恋愛スポット

施設名	最寄駅	ポイント	寸評
川越氷川神社	新宿線 本川越駅	縁結びの神様	脚摩乳命(アシナヅチノミコト)夫婦と手摩乳命(テナヅチノミコト)夫婦を祀り、縁結びの神様として古くから信仰を集めている
川越八幡宮	新宿線 本川越駅	良縁・ 夫婦円満の神	境内の夫婦イチョウは、夫婦円満、良縁の象徴として人気。触れて手を合わせると、恋愛運がアップするとされる
秩父神社	秩父線 西武秩父駅	恋愛や学問の 御利益神社	学業成就、開運招福、恋愛成就などの御利益があるとされ、埼玉県有数のパワースポットとして有名な神社
宝登山神社	長瀞駅 (秩父鉄道)	運気アップの 神社	宝の山に登るという縁起の良いネーミングから、古くから御利益スポットとして人気。近年はミシュラン・グリーンガイドでも紹介
三峯神社	三峰口駅 (秩父鉄道)	神聖な山の神 に会える神社	境内にある樹齢800年の杉は触ると「気」が与えられる「ご神木」とされており、パワースポットとして人気
「姿見の池」 「一葉松」	国分寺線 恋ヶ窪駅	癒し・恋愛成就 スポット	源平合戦の時代に活躍した不精・畠山重忠と遊女・あさ妻太夫が織りなした悲恋物語にちなむ名所
お鷹の道	国分寺線・多摩湖線 国分寺駅	癒し・病気快癒 スポット	都内では珍しい湧水地である野川源流域。不治の病を治し、美しい姿に戻したといわれる「真姿の池」が有名

しました。西武鉄道は三陸鉄道の支援を通じて「恋」を切り口とした鉄道づくりを強く意識するようになりました。その結果、沿線のイメージ向上戦略プロジェクト「♥恋まち」が立ち上がったのです。

多彩なイベントとグッズ販売を展開

「♥恋まち」プロジェクトは2012(平成24)年から本格的に始動しました。5月には「恋」の付く駅を持つ鉄道会社が一堂に会した「恋駅プロジェクト」第1回ミーティングが開催されました。その後も恋ヶ窪駅でのイベント開催、鉄道にまつわる恋のエピソードや恋にまつわるアート作品の募集などを行っています。また、西武鉄道では13駅の駅名標をかたどったストラップを販売していますが、このうち恋ヶ窪のものはストラップがピンク色に変更され、恋のイメージを想起させる色合いになっています。

「♥恋まち」自体は恋ヶ窪駅限定のプロジェクトではありません。しかし、恋ヶ窪駅周辺の商店会も、これに呼応する形で「恋まちストリート」プロジェクトを立ち上げ、恋にちなんだイベントの開催や限定商品の販売を行うなど、商店街の活性化に一役買っています。

> **マメ蔵**
> **恋ヶ窪**……恋ヶ窪の遊女が源平争乱の名将・畠山重忠と恋に落ちたという伝承がありますが、地名の由来は「武蔵の国府に近い窪地」から「国府ヶ窪」と呼ばれ、それが「恋ヶ窪」に転訛したなど、諸説あります。

沿線住民への利益還元企画「こども応援プロジェクト」

近年、子供向けの職業体験型テーマパークが注目を集めています。西武グループもグループ内の施設を活用した子供向けの体験プラン「こども応援プロジェクト」を立ち上げました。

グループ内の企業を活用した体験プラン

　子供の頃にさまざまな職場や職業を体験することは、学力の向上など教育面でもよい効果があるといわれています。職場体験活動は古くから教育の一環として存在しますが、近年は遊びながら各種職業を体験できる、子供向けの職業体験型テーマパークも現れています。2006（平成18）年に日本進出を果たした「キッザニア」が、その代表格といえるでしょう。

　西武グループも、2010（平成22）年度から「こども応援プロジェクト」と題し、子供向けのさまざまな体験型プランを実施しています。西武グループには職業体験に特化したテーマパークはありませんが、グループ内にさまざまな職種の企業を抱えており、これを活用する形で子供向けの職業体験型プランを提供しているのです。

2012年秋に実施されたプラン（注目プランを抜粋）

施設名	プラン名	内容
新宿プリンスホテル	ジンジャーマンクッキーで作るハッピークリスマスツリー2012	ジンジャーマンクッキーを焼いてホテルの大きなツリーにデコレーションする体験講座
雫石ゴルフ場	こども応援プロジェクト【ジュニアゴルファー応援企画】中学生以下無料	中学生以下のジュニアゴルファーが無料でご利用いただけます。
西武バス狭山営業所	西武バス狭山営業所 開所10周年記念 親子見学会	洗車機体験やクイズラリー、運転席での記念撮影や運転士体験、バスジャッキアップを実施
軽井沢プリンスホテル	キッズチャレンジ	チャレンジ精神の涵養を目的に実施される野外体験
新富良野プリンスホテル	ニングルアトリエクラフト教室	楽器を持った木人形、手作りろうそく、和紙で作るタペストリーの製作講座
エプソン品川アクアスタジアム	水族館体験（イルカにタッチ）	都心でイルカの肌に直接触れることができる体験講座
横浜・八景島シーパラダイス	ふれあいラグーン　サカナリーフで磯の生きものとのふれあい体験	飼育員の解説のもと、ヒトデ、サメ、エイなどにタッチしたり季節限定生物を観察
ハワイプリンスホテルワイキキ	Kid's Golf Free	ご両親とプレイされると子供（17歳以下）のプレー料金（1ラウンド分）が無料で利用可能
埼玉西武ライオンズ	幼稚園・保育園・保育所訪問 ～レオと楽しく遊ぼう！～	埼玉西武ライオンズのマスコットキャラクター「レオ」が幼稚園、保育園を訪問（要事前予約）

こちらは西武鉄道が経営する認定保育園「マミーズハンド中村橋」

西武鉄道では、沿線住民の子育て支援も積極的に推進。写真は西武鉄道が経営する託児所「Nicot東久留米」

次世代を担う子供たちを取り込め！
西武鉄道が展開する職業体験プログラム

西武鉄道は駅業務などの体験プランを実施

　「こども応援プロジェクト」は、西武グループの中核企業である西武鉄道でも行われており、これまで「1日こども駅長」と「1日こども電気所長」が実施されています。

　2010（平成22）年に八坂駅と西武遊園地駅、遊園地西駅で開催された「1日こども駅長」を例にとると、参加者の子供たちは制服に着替えて勉強を開始。本物の駅員から敬礼の仕方や、鉄道を安全に運行するための心構えなどを教えてもらいます。

　次に駅構内の見学。改札口で自動改札機の仕組みを教わったり、信号を制御する機械や自動券売機の裏側など、普段は見ることができない場所にも立ち入って、列車の運行に関わる業務の内容を一通り見学していきます。最後は実際に駅長の仕事を実践してみます。駅構内の各種施設を点検して回るほか、列車発着案内の構内放送やホームでの発車合図も駅員の指導のもと挑戦します。駅長の仕事を体験した子供たちは、これを機に鉄道に対する興味と理解をさらに深め、将来は西武鉄道への就職を目指すかもしれません。

　また、「こども応援プロジェクト」には、系列の観光施設での自然体験コースや、ゴルフ体験コース、イルカ調教師体験コースなどの各種体験コースも用意されており人気を集めています。

> **マメ蔵**　**子供鉄道**……ロシアや東欧には、本物とほぼ同じ設備を持つ鉄道を8〜15歳の少年が運営する「子供鉄道」があります。鉄道の運行方法を学習するための専門的な教育機関で、究極の子供向け職業体験型プランといえます。

5章　西武鉄道トリビア

新宿駅の東口に用意された新宿線の乗り入れスペース

新宿線の起点は新宿駅から北に約500m離れた西武新宿駅です。場所としては中途半端で他の鉄道路線への乗り換えも不便ですが、当初は新宿駅東口に乗り入れる計画でした。

JR新宿駅東口駅舎。かつてはマイシティと呼ばれる駅ビルが入居していたが、現在はルミネエスト新宿と改称されている

早稲田乗り入れを変更して新宿へ

　戦前の村山線（現在の新宿線）は、山手線の高田馬場駅にターミナルを置いていました。しかし、高田馬場駅は山手線の主要駅ではなく、駅前商店街も十分に発達しているとは言い難い状況でした。そこで、高田馬場駅からさらに早稲田に延伸して東京市電（後の都電）に接続し、都心への連絡を強化する計画でしたが、後に都心西部の一大ターミナルである新宿への乗り入れに変更され、1948（昭和23）年に免許を受けました。

　ただ、当時の新宿駅周辺は区画整理が進んでいなかったため、とりあえず新宿駅から北へ500mのあたりに仮設駅を設けることになり、1952（昭和27）年に高田馬場～西武新宿間が開業しました。

1952年、西武新宿駅は新宿乗り入れを見越した仮設駅としてオープン

昭和20年代の西武新宿駅。まだ、のんびりとした雰囲気が漂っていた　写真提供:毎日新聞社(池田信撮影)

利用者の増加があだとなり乗り入れ中止

　その後、当時の国鉄新宿駅の東口駅舎が新宿線の乗り入れに対応した駅ビルに建て替えられ、1964(昭和39)年にオープンしました。これが現在の「**ルミネエスト新宿**」です。このビルの2階北側に、6両編成の列車に対応した新宿線用のホームを1面設置することが考えられ、そのためのスペースも確保されていました。

　ところが、この駅ビルが完成した頃、6両編成のホームが一つだけでは対応しきれないほど新宿線の利用者が増え続けており、当初の計画のまま新宿駅に乗り入れることは難しくなっていました。このため新宿駅への乗り入れは中止され、西武新宿駅を改良して利用者の増加に対応することになりました。その後、西武新宿駅は10両編成に対応したホームが2面設置され、1977(昭和52)年にはホテルやショッピングモールを取り込んだ高層ビルが、西武新宿駅の南側に整備されています。

　一方、1980年代には、西武新宿〜上石神井間を複々線化する計画が持ち上がりました。地下に急行専用の線路を増設し、西武新宿駅の地下ホームを地上ホームより新宿駅に近い場所に設置する計画でしたが、バブル崩壊や少子高齢化で利用者の増加が頭打ちとなったため中止されています。もし、実現していれば新宿線の混雑はかなり緩和されていたはずなので、ちょっと残念です。

> **ルミネエスト新宿**……オープン当初は「新宿民衆駅ビル」を名乗り、すぐに「新宿ステーションビル」に改称されました。その後、「マイシティ」への改称を経て、2006(平成18)年から現在の名称になっています。

5章　西武鉄道トリビア

二つのルートが使える定期券「Oneだぶる♪」と「だぶるーと」

通常の定期券は利用できる路線が決められていますが、西武鉄道では自社路線と並行する別の鉄道会社も利用できる、ユニークな定期券を発売しています。

昼下がりの練馬駅。池袋へ出るには有楽町線経由と池袋線経由の2つのルートがある。だぶるーとでは、気分や都合にあわせて好きなルートを選ぶことができる

二つの経路が選べる特殊連絡定期券

多くの鉄道会社は他の鉄道会社と運輸協定を結んでいます。複数の鉄道会社をまたいで利用できる連絡切符も、運輸協定に基づき発売されているものです。西武鉄道も他の鉄道会社と運輸協定を結び、西武線各駅から別の鉄道会社各駅までの連絡乗車券や連絡定期券などを発売しています。

連絡定期券は通常の定期券と同様、原則として経由地が決められています。しかし、西武鉄道が発売している特殊連絡定期券「Oneだぶる♪」は、一部の区間のみ二つの経路を自由に選択できるようになっています。

JR連絡とメトロ連絡の2種類を発売

「Oneだぶる♪」は西武線〜JR線の連絡定期券で、新宿・西武新宿〜高田馬場間はJR山手線と西武新宿線のどちらでも利用できます。例えば所沢〜恵比寿間の場合、往路は高田馬場駅で山手線に乗り換えて恵比寿駅

へ、帰路は新宿駅で山手線を降りて西武新宿駅に向かい、所沢行きの列車に乗り換えるということも可能です。

　新宿駅と西武新宿駅は約500m離れていますから、乗り換えにかかる時間を含めると、高田馬場乗り換えの方が移動時間を短くできます。しかし、所沢方面に向かう場合は、新宿線の始発駅である西武新宿駅から乗車した方が、座席を確保しやすいという利点があります。特に勤め帰りで疲れている時は、始発駅から乗って確実に座席を確保したい時もあるでしょう。状況に応じて利用する路線を選択できるのが、「Oneだぶる♪」の利点です。混雑状況や体調によって、ルートを選択できるというのは、これまでにない画期的なサービスとして注目を集めています。

　なお、特殊連絡定期券は西武線～東京メトロ線でも「だぶるーと」の名称で発売されており、こちらは練馬～池袋間で池袋線経由と西武有楽町線～東京メトロ有楽町線・副都心線経由のどちらでも利用できます。特殊連絡定期券は、通常の連絡定期券より若干高くなっていますが、頻繁に経路を使い分けている場合は、特殊連絡定期券の方が安くなります。

乗客本位の画期的サービス
選択肢の広がりで乗車行動が多様化

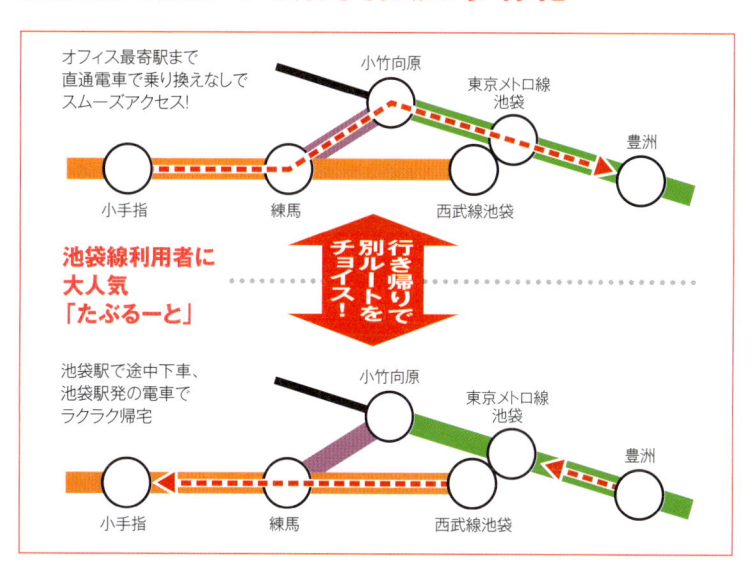

オフィス最寄駅まで直通電車で乗り換えなしでスムーズアクセス！

小竹向原　東京メトロ線池袋　豊洲

小手指　練馬　西武線池袋

池袋線利用者に
大人気
「たぶるーと」

行き帰りで別ルートをチョイス！

池袋駅で途中下車、池袋駅発の電車でラクラク帰宅

小竹向原　東京メトロ線池袋　豊洲

小手指　練馬　西武線池袋

マメ蔵　**連絡運輸**……運輸協定のうち、連絡切符の発売に関する取り決めは「連絡運輸」と呼ばれています。連絡運輸は範囲を限定して設定されることが多く、切符の種類や区間によっては連絡切符が発売できない場合もあります。

秩父観光に大活躍
「秩父フリーきっぷ」と「秩父漫遊きっぷ」

西武鉄道では観光客向けの割引切符を多数設定しています。秩父観光向けの割引切符としては、「秩父フリーきっぷ」と「秩父漫遊きっぷ」が発売されています。

秩父鉄道も利用できる「フリー」

　「秩父フリーきっぷ」は、西武線各駅から西武秩父線芦ヶ久保駅までの往復乗車券と、秩父地区の鉄道路線を自由に乗り降りできるフリーエリアをセットにした**フリー切符**です。1992（平成4）年に1日有効の「秩父1日フリーきっぷ」として発売されましたが、2001（平成13）年から2日間有効になり、現在の名称に改められました。

　フリーエリアは西武秩父線芦ヶ久保〜西武秩父間と、秩父鉄道野上〜御花畑（西武秩父駅の最寄り駅）〜三峰口間で、西武線だけでなく秩父鉄道も利用できます。西武鉄道は池袋線〜西武秩父線から秩父鉄道に乗り入れる列車を運転していますが、もちろん乗り入れ列車に乗車することもできます。

　運賃は池袋発が大人2,260円ですから、秩父鉄道の親鼻〜野上間、または白久、三峰口の各駅までを往復するだけでも正規の運賃より安くなり

武甲山の麓に位置する羊山公園は、毎年4月中旬から5月下旬にかけて9種類50万株の芝桜が咲き誇る。秩父随一の観光スポットで、西武鉄道も観光客誘致に力を入れている

関東の奥座敷「秩父」の回遊乗車券
使い方次第でますますお得に

秩父観光MAP

- 保健所
- 市立病院
- 秩父第一小
- 秩父警察署
- じばさんセンター
- 道の駅ちぶ
- 秩父高校
- 歴史文化伝承館
- 御花畑
- 秩父市役所
- 秩父宮記念市民会館
- 武甲山資料館
- 花の木小
- ちちぶ銘仙館
- 羊山公園
- 高等技術専門校
- 西武秩父
- 秩父図書館
- 西武秩父線
- 秩父税務署
- 秩父鉄道
- 国道140号
- 国道299号

ます。また、この切符には秩父湯元武甲温泉や宝登山ロープウェイ、長瀞ライン下りなど、沿線の観光施設が割引料金で利用できる特典も付いています。

「漫遊」はさまざまな特典が魅力

　フリーエリアがある「秩父フリーきっぷ」に対し、「秩父漫遊きっぷ」は西武線各駅から西武秩父駅までの往復割引乗車券といえます。有効期間は「秩父フリーきっぷ」と同じ2日間です。

　池袋発の運賃は1,820円で、正規の往復運賃（1,500円）より高くなっていますが、現地のレンタカーを割引料金で利用できるほか、秩父地区の西武観光バスが自由に乗り降りできるフリーバス、西武秩父仲見世通りのクーポン券など、さまざまな特典が付いています。現地到着後は秩父鉄道を利用せず、レンタカーやバスで観光地を回る場合は、こちらの方がお得です。

　なお、いずれの切符も西武の特急レッドアローや秩父鉄道の急行、SL列車などを利用する場合は、別に特急券などを購入する必要があります。

> **マメ蔵**　**フリー切符**……決められた範囲（フリーエリア）の交通機関を自由に利用できる切符を「フリー切符」といいます。フリーエリアだけの切符と、フリーエリアまでの往復切符をセットにした切符の2種類があります。

5章　西武鉄道トリビア

川越観光必携!「小江戸川越特急バス」と「小江戸川越フリークーポン」

江戸の風情を残す川越は日帰りできる観光地として人気が高く、西武鉄道も「小江戸川越フリークーポン」などの割引切符を発売しています。

各社が発売している「フリークーポン」

　新宿線の終点に位置する埼玉県の川越市は「小江戸」と呼ばれ、江戸の風情を残す古い町並みを残していることから大勢の観光客が訪れています。近年、西武鉄道も「小江戸観光」に力を入れており、特急「小江戸」を運行しているほか、「小江戸川越フリークーポン」などの割引切符を発売しています。

　「小江戸川越フリークーポン」は、西武線各駅から本川越駅までの往復割引乗車券と、**小江戸巡回バス**の1日フリー切符がセットになった割引切符です。川越の施設や協賛店を割引料金で利用できる特典も付いています。有効期間は1日間で、発売額は西武新宿発が1,280円。西武新宿〜本川越間の正規運賃は960円ですから、小江戸巡回バスを2〜3回利用すれば元が取れる計算になります。

本川越周辺観光MAP

「小江戸川越フリークーポン」は、西武鉄道だけでなく小田急電鉄も発売しています。小田急で発売されているものは、小田急線各駅から新宿駅までの小田急線と、新宿線西武新宿～本川越間を往復利用することができます。

　ちなみに、東武鉄道も「小江戸川越クーポン」を発売しています。こちらは東上本線・越生線各駅から川越駅までの往復乗車券と、川越地区の東武バス1日フリー切符がセットになっています。

特急「小江戸」で往復なら「特急バス」

　「小江戸川越フリークーポン」で特急「小江戸」を利用する場合、別に特急券を購入する必要があります。ただし、西武新宿発と高田馬場発に限り、特急も往復利用できる「小江戸川越特急バス」が発売されています。

　発売額は1,780円で、「小江戸川越フリークーポン」より500円高くなっています。正規の特急券は片道410円ですから、片道のみ特急を利用するなら「小江戸川越フリークーポン」を利用して別途特急券を購入し、往復とも特急を利用するなら「小江戸川越特急バス」を利用するのがお得ということになります。

> **マメ蔵　小江戸巡回バス**……イーグルバスが運行している路線バスです。JR・東武川越駅を起点とし、新宿線本川越駅を経由して市内の観光地を巡回します。どの停留所で降りても徒歩1分で観光地を訪れることができます。

本川越駅の徒歩圏内に見どころが満載！蔵の街・川越をじっくり味わう

蔵の街は現在も整備・改修が進められている

川越のシンボル「時の鐘」周辺は古い蔵造りの建物が林立する

西武鉄道のヘッドマークには どんな種類のものがあった？

近年は期間限定で掲出されることが増えているヘッドマークですが、かつては西武鉄道でも定期列車でヘッドマークを掲出していたことがありました。

イベントなどに合わせて掲出！

　ヘッドマークは列車の愛称や行き先などを表示する案内板の一種で、車両の先頭部に掲出されます。最近の鉄道車両は、車体に固定された案内表示器に愛称や行き先などが表示されるため、ヘッドマークが本来の目的で掲出されることはなくなりました。その一方で、近年は沿線で開催される各種イベントの宣伝、新型車両の導入や旧型車両の引退などを記念して、ヘッドマークが掲出されることが増えてきました。最近の鉄道車両は見た目がすっきりしているだけに、派手なカラーリングのヘッドマークはひときわ目を引きます。

　2012（平成24）年には、川越市制90周年記念のヘッドマークが新宿線の20000系と30000系で掲出されました。ヘッドマークの絵柄には、川越市のシンボル的な存在である時計台「時の鐘」のシルエットが採用されました。

洗練されたステンレス車両も、前面にヘッドマークが付くと全く印象が変わる

鉄道の前面を彩るヘッドマーク
期間限定で昔懐かしい姿も

近年変化するヘッドマークの位置づけ

　近年はイベントなどの開催に合わせ、期間を限定してヘッドマークが掲出されていますが、かつては列車の愛称表示として掲出されていたこともありました。

　1960年代の池袋線では、池袋〜吾野間を全線走破する急行列車が休日に運転されており、周辺の地域名や山名にちなんだ「正丸」「伊豆ヶ岳」の愛称が付けられました。

　1969（昭和44）年に吾野〜西武秩父間を結ぶ西武秩父線が開業すると、レッドアロー5000系を使用した特急「ちちぶ」が運転を開始しましたが、これとは別に池袋〜西武秩父間を結ぶハイキング急行「奥秩父」「奥武蔵」も運転され、列車の先頭には秩父の山並みを描いた円形のヘッドマークが掲出されました。

　現在、池袋〜西武秩父間では快速急行が運転されていますが、愛称は設定されておらず、ヘッドマークの掲出も取りやめられました。ただ、最近は車両基地公開イベントに合わせて運転される臨時列車に、かつて使用されていた「奥秩父」「奥武蔵」のヘッドマークを取り付けて運転されることがあります。これも期間限定ですが、昔懐かしい姿を見ることができます。

1969年の秩父線開業時に運転を開始した急行「奥武蔵」（池袋〜西武秩父間）にもヘッドマークが取り付けられ、行楽ムードを盛り上げていた　写真提供：RGG

川越市の市制90周年を記念して取り付けられたヘッドマーク

> **マメ蔵**　**行先票**……先頭部には列車の行き先を示した案内板（行先票）が掲出されていたこともあります。近年は姿を消し、車体の先頭部や側面に設置されたLEDや液晶画面の案内表示器にとって代わられています。

西武鉄道のスタンプラリーにはどんな特徴がある？

駅などにスタンプを設置し、一定のテーマやルールに従って各駅に設置されたスタンプを収集する企画を「スタンプラリー」と呼びます。西武鉄道でも年に数回開催されています。

アニメキャラのスタンプを集める

　西武鉄道のスタンプラリーは毎年4〜5回開催されていますが、アニメ番組や特撮映画などとのタイアップによるスタンプラリーが定例化しています。これらは「スマイルスタンプラリー」と題して開催されることが多くなっています。スタンプの絵柄もアニメや特撮にちなんだものが使われています。

　このスタンプラリーで面白いのは、タイアップするアニメや特撮によって、スタンプ設置駅が変更される点です。『ケロロ軍曹』とのタイアップ企画として実施された2011（平成23）年春季のラリーは、スタンプ設置駅に上井草駅が含まれていましたが、2012（平成24）年夏季の『特命戦隊ゴーバスターズ THE MOVIE』『映画スマイルプリキュア！』公開記念ラリーでは上井草駅にスタンプが設置されず、大泉学園駅に設置されました。

　これは、『ケロロ』を製作しているサンライズが上井草駅、『ゴーバスターズ』『プリキュア』を製作している東映アニメーションが大泉学園駅をそれぞれ最寄り駅としているためです。沿線にアニメ制作会社が多い西武鉄道らしい特徴といえるでしょう。

大人気のスタンプラリー。近年は大人向けの企画も増えている

こちらは定番の駅スタンプ。秩父線の駅には風光明媚な沿線風景を象った美しい駅スタンプが設置され人気を集めている　資料提供：ブルボンクリエイション

新時代の誘客システム！
趣向を凝らしたスタンプラリーを展開

大好評を博した「プリキュアスタンプラリー」
女の子に大人気のアニメ「スマイルプリキュア」（映画版）のキャラクターのスタンプを集めるという趣向で、各駅には女の子が多数集まった

鉄道趣味と親和性が高いスタンプ

　2012（平成24）年夏季に実施されたスマイルスタンプラリーの概要は、おおむね次の通りでした。まず、ラリー開催期間中のみ発売される「スマイルスタンプラリーきっぷ」（大人900円、子供450円）を西武線各駅の窓口で購入し、これを使ってスタンプ設置駅を回ります。この切符はスタンプ設置駅がある範囲の西武線を自由に乗り降りできるほか、スタンプを押印するための専用ラリーシートが付いています。

　スタンプは10駅に設置されていますが、このうち5駅分のスタンプをラリーシートに押してスタンプ設置駅に行くと、記念品がもらえます。さらに、記念品と同時に渡される応募ハガキを送ると、抽選で映画鑑賞券や記念グッズなどがプレゼントされます。

　ところで、古くから鉄道の駅には、駅舎や周辺観光地を象った「駅スタンプ」が設置されており、鉄道ファンにとって、スタンプ収集は古くから趣味ジャンルとして確立されています。近年、一部の鉄道会社は鉄道ファン向けのスタンプを作るようになりました。今後の西武鉄道のスタンプ展開も目が離せません。

> **マメ蔵　大人向けのスタンプラリー**……スマイルスタンプラリーは親子連れを想定した企画ですが、大人向けといえる「花と寺社めぐりスタンプラリー」も開催されています。こちらは首都圏の私鉄9社による共同企画です。

西武鉄道のオリジナルグッズにはどんな種類のものがある？

西武鉄道では、西武線の車両や施設にちなんだオリジナルグッズを多数販売しています。これらの多くは西武線内の駅売店などで購入することができます。ここでは西武の魅力的なグッズの数々をご紹介します。

電車の形をしたグッズが大人気

　西武鉄道が販売しているオリジナルグッズの多くは、リュックサックや懐中電灯などの実用品ですが、電車に似せたデザインでまとめられていたり、電車の写真やイラストが描かれているのが特徴です。

　「新2000系 黄色い電車バッグ」（800円・税込）は、その名の通り新2000系先頭車の外観がバッグの外側に描かれています。また、『30000系 Smile Train ALARM CLOCK』（4,000円・税込）は、30000系の先頭部をかたどったデザインでまとめられており、運転台窓の部分にアナログ式の時計盤を配しています。新宿線の発車メロディと車内アナウンスがアラーム音として収録されているのも特徴です。

　グッズは車両をかたどったものだけではありません。『駅名ストラップ』（各300円・税込）は西武線13駅の駅名標をストラップにしたもので、コレクションにはもってこいのグッズです。鉄道ファンのみならず、地元の駅のストラップを買い求める一般の乗客も少なくありません。

遠足に大活躍！「新2000系黄色い電車オリジナルリュックサック」

30000系の効果音で寝坊も防止？「30000系 Smile Train ALARM CLOCK」

集めたくなる魅力的なグッズの数々
カレンダーや時刻表が根強い人気

海やプールで西武ファンをアピール！「10000系特急ビーチタオル」

子供たちに大人気の「新2000系歯ブラシセット」

※商品は限定生産のため売り切れることがあります

定番のカレンダーと時刻表

　厳密にはグッズというより実用品そのものですが、鉄道会社が古くから販売しているカレンダーと時刻表も、定番の鉄道グッズといえます。

　西武鉄道のカレンダーは、四季折々の風景を駆け抜けていく西武線の列車の写真が各月のページに使われています。『2013年西武鉄道カレンダー』（1,000円・税込）は、西武鉄道の創立100周年を機に、カレンダーの大きさが従来のA2判から見開きA2判に変更されました。最後のページには100周年を記念したページが加えられています。

　一方、ダイヤ改正などに合わせて発行される『西武時刻表』は、西武線全駅全列車の運転時刻や主要駅構内図などが掲載されています。2012（平成24）年発売の第24号（350円・税込）は、やはり創立100周年記念の色彩が強く、1965〜1975年の駅と現在の駅などの写真のほか、西武鉄道の歴史や世界情勢、物価が年表形式で掲載されました。西武鉄道を取り巻く時代の変化を見て取ることができる内容となっています。中には使用するものと、保存するものの2つを購入する鉄道ファンもいるほどで、時刻表の人気の高さがわかります。

> **マメ蔵　先行販売**……西武鉄道が発売しているオリジナルグッズは、「TOMONY」などの駅売店で販売されていますが、一部のグッズは「西武トレインフェスティバル」など各種イベント会場で先行販売されることもあります。

5章　西武鉄道トリビア

西武鉄道が経営する宿泊施設にはどんなものがある?

西武グループのホテル・リゾート事業は、今ではプリンスホテルの一元的な経営に移行しています。しかし西武線沿線については、現在も西武鉄道が事業を展開しています。

西武ドームの近くにある「掬水亭」。都心に近いリゾートホテルとして人気を集めている

掬水亭の大浴場。21時までは日帰り入浴も受け入れており、地域住民の人気を集めている

西武鉄道直営の宿泊施設「掬水亭」

　西武グループのホテル・リゾート事業は、かつてはコクドや西武鉄道、会社としてのプリンスホテルなど、グループ各社が分担する形で経営、展開していました。しかし、2006（平成18）年のグループ再編により、現在はプリンスホテル一社にほぼ集約されました。

　ただ、西武線の周辺地域については、鉄道路線との一体的な経営展開も可能であることから、西武鉄道は今も沿線地域のレジャー施設を多数抱えています。西武園ゆうえんちの西側にある宿泊施設「中国割烹旅館 掬水亭」も、西武鉄道が経営しています。

　掬水亭は1990（平成2）年にオープンしました。その名は唐の干良史の漢詩の一節「掬水月在手」に由来しており、どことなく古風なイメージが漂いますが、建物自体は近代的なガラス張りの6階建てです。全ての客室から村山貯水池（多摩湖）を一望することができ、天気がよければ富士山も見えます。近くには山口線の遊園地西駅があり、西武園ゴルフ場や西武ドームへのアクセスも良好。西武鉄道が展開している多摩湖周辺のレジャー施設の中心的な宿泊施設といえます。

観光開発と同時に進めたホテル展開
プリンスホテルは全国有数のチェーンに成長

全国のプリンスホテル

- 屈斜路プリンスホテル
- 富良野プリンスホテル
- 新富良野プリンスホテル
- 札幌プリンスホテル
- 大沼プリンスホテル
- 釧路プリンスホテル
- 万座プリンスホテル
- 軽井沢浅間プリンスホテル
- 志賀高原プリンスホテル
- 軽井沢プリンスホテル
- ザ・プリンス軽井沢
- グランドプリンスホテル京都
- 十和田プリンスホテル
- 雫石プリンスホテル
- 苗場プリンスホテル
- 嬬恋プリンスホテル
- 川越プリンスホテル
- サンシャインシティプリンスホテル
- 新宿プリンスホテル
- 品川プリンスホテル
- ザ・プリンス さくらタワー東京
- グランドプリンスホテル高輪
- グランドプリンスホテル新高輪
- 大津プリンスホテル
- グランドプリンスホテル広島
- 下田プリンスホテル
- 東京プリンスホテル
- ザ・プリンス パークタワー東京
- 新横浜プリンスホテル
- 鎌倉プリンスホテル
- 大磯プリンスホテル
- 日南海岸南郷プリンスホテル
- ザ・プリンス箱根
- プリンスグランドリゾート
  （箱根園コテージ／ホテル大箱根／箱根湯の花温泉ホテル／龍宮殿）

西武鉄道所有のプリンスホテル

　このほか、プリンスホテルのうち新宿プリンスホテルと川越プリンスホテルは、今も西武鉄道が所有しています。ただし、西武鉄道はホテル部分を西武グループの不動産会社である西武プロパティーズに賃貸し、さらに西武プロパティーズはプリンスホテル社に賃貸していることから、西武鉄道自身は両ホテルの経営に直接タッチしていません。

　新宿プリンスホテルは西武新宿駅、川越プリンスホテルは本川越駅の駅ビルにそれぞれ入っており、駅に直結という利便性の高さが魅力です。鉄道事業用地の施設である駅ビルのホテルであることから、今も西武鉄道が施設を所有しているのです。

> **マメ蔵**　**ホテルメッツ**……JR東日本のビジネスホテルブランド「ホテルメッツ」。その第1号店は新宿線久米川駅から徒歩数分の「ホテルメッツ久米川」でした。JR系のホテルでありながら、最寄り駅は西武線だったのです。

5章　西武鉄道トリビア

西武グループの
プリンスホテルの魅力

西武グループのホテルブランド名として知られるプリンスホテル。かつてはグループ各社が分担して運営していましたが、現在は会社としてのプリンスホテルに統合されました。

旧皇族の土地を活用したホテル

　プリンスホテルの第1号は終戦直後の1947（昭和22）年、軽井沢にオープンした「千ヶ滝プリンスホテル」です。ホテルの敷地は旧皇族（朝香宮家）の別荘地でしたが、戦後の皇籍離脱で連合国軍が没収し、これが日本政府に返還された際、国土計画興業（国土計画を経て後のコクドに）が購入してホテルを整備したのです。プリンスホテルの「プリンス」とは、旧皇族の土地に建設されたホテルを意味していました。

　会社としてのプリンスホテルは1956（昭和31）年に設立されましたが、当初は高輪プリンスホテルのみ運営していました。その後も経営体制に若干の変化はあったものの、基本的にはコクドがホテル・リゾート事業を立案し、グループ各社が各地のホテル・リゾート施設を分担して所有、運営する体制が続きました。しかし2006（平成18）年、西武グループは不祥事をきっかけにして再編が図られ、ホテル・リゾート事業は一部のホテルを除き、コクドを吸収合併したプリンスホテル社に統合されました。

　プリンスホテルには、都心部に立地する都市型タイプと、観光地にあるリゾートタイプの2種類があります。都市型タイプは、東京、高輪、品川、

【左】東京タワーの近くにあり、東京観光の拠点として外国人にも人気が高い「ザ・プリンスパークタワー東京」
【右】円形の高層タワーが地域のランドマークとなっている「新横浜プリンスホテル」

都心とリゾートに展開!
日本を代表する
ホテルチェーンに成長

5章　西武鉄道トリビア

【左】広島市宇品地区の港湾地区にある「グランドプリンスホテル広島」　【右】1990年に開業、2011年に大改修された「ハワイプリンスホテルワイキキ」。ハワイ有数のショッピングセンター「アラモアナショッピングセンター」にも近い

新宿、池袋などに展開しており、東京を代表するシティホテルチェーンとして人気を集めています。一方、リゾートタイプのものは、万座、大沼公園、十和田湖など国内を代表する観光地や、苗場、志賀高原などスキー場に隣接しており、行楽客を意識したさまざまなサービスが提供されています。

プリンスホテルも鉄道会社?

　西武グループは1970～1980年代、東日本を中心に大規模なスキーリゾートを展開しました。コクドは各地にスキー場をオープンし、スキー場内にはリフトやロープウェイが多数整備されました。

　リフトやロープウェイは法律上「**索道事業**」と定義され、西武鉄道が運営する鉄道路線と同様、鉄道事業法が適用されます。コクドもスキー場の建設に際し、鉄道事業法に基づき索道事業の許可を受けました。つまり、コクドを吸収合併した現在のプリンスホテル社は、ある意味では鉄道会社なのです。グループ再編時に不採算のスキー場を売却したものの、現在も全国9箇所でスキー場を運営しています。新潟県の苗場スキー場～かぐらスキー場間を結ぶ世界最長（5,481m）のゴンドラリフト「ドラゴンドラ」も、プリンスホテル社の運営によるものです。

> **マメ蔵**　**索道事業**……鉄道事業法はロープウェイやリフトを「索道事業」と定義し、鉄道事業とは区別しています。しかし、同じ法律に基づく乗り物であるせいか、ロープウェイやリフトを「鉄道の一種」とする見方もあります。

西武グループのシンボル 西武ライオンズの歩み

西武鉄道のシンボルであるライオンズは1978（昭和53）年10月に創設されました。2008（平成20）年のシーズンからはチーム名に「埼玉」を冠するようになり、地域密着を強く打ち出しています。

開幕12連敗でスタート

　1978（昭和53）年10月12日、西武鉄道の中核企業・国土計画はプロ野球球団・クラウンライターライオンズ（福岡野球会社）を買収、西武ライオンズ球団の設立を発表し、球界に激震が走りました。

　新生西武ライオンズはトレードを積極的に活用し戦力を整えていきました。当時伸び盛りの若手選手として頭角を現しつつあった真弓外野手、若菜捕手らを阪神タイガースに放出、代わりに全国区の知名度を持つ田淵捕手、古沢投手を獲得。ロッテからはベテラン捕手・野村克也（当時44歳）を獲得する一方、ドラフト外では東京ガスの松沼兄弟を入団させ、大いに話題を集めました。さらに、マスコットマークとして手塚治虫氏から「ジャングル大帝」の版権を獲得するなど、球団のイメージを一新。スポーツマスメディアの寵児となったのです。

　新球団の戦いぶりに注目が集まった1979年のシーズンでしたが、開幕から12連敗を喫すると、その後いいところなく最下位。監督の根本陸夫はその後もさまざまな手を駆使して戦力の整備を進めていきました。

本拠地の西武ドーム。大リーグのスタジアムをモデルに造られた半地下球場の斬新さは、開業から33年たった今も色あせない

【上】2012年シーズン、抑えの切り札として活躍した涌井秀章【下】クリーンアップを固める中島（手前）と中村（奥）

創設から数年で人気球団に成長
AKD砲の破壊力は今も語り草に

年	監督名	年間順位	試合数	勝利	敗北	引分	勝率	打率	本塁打	防御率	日本シリーズ優勝チーム
1979	根本陸夫	6	130	45	73	12	0.381	0.259	140	4.6	広島
1980	根本陸夫	4	130	62	64	4	0.492	0.267	219	4.43	広島
1981	根本陸夫	4	130	61	61	8	0.5	0.267	143	3.62	巨人
1982	広岡達朗	1	130	68	58	4	0.54	0.253	131	3.31	西武
1983	広岡達朗	1	130	86	40	4	0.683	0.278	182	3.2	西武
1984	広岡達朗	3	130	62	61	7	0.504	0.256	153	4.1	広島
1985	広岡達朗	1	130	79	45	6	0.637	0.272	155	3.82	阪神
1986	森 祇晶	1	130	68	49	13	0.581	0.281	185	3.69	西武
1987	森 祇晶	1	130	71	45	14	0.612	0.249	153	2.96	西武
1988	森 祇晶	1	130	73	51	6	0.589	0.27	176	3.61	西武
1989	森 祇晶	3	130	69	53	8	0.566	0.271	150	3.86	巨人
1990	森 祇晶	1	130	81	45	4	0.643	0.263	162	3.48	西武
1991	森 祇晶	1	130	81	43	6	0.653	0.265	155	3.22	西武
1992	森 祇晶	1	130	80	47	3	0.63	0.278	159	3.52	西武
1993	森 祇晶	1	130	74	53	3	0.583	0.26	114	2.96	ヤクルト
1994	森 祇晶	1	130	76	52	2	0.594	0.279	122	3.81	巨人
1995	東尾 修	3	130	67	57	6	0.54	0.246	117	2.98	ヤクルト
1996	東尾 修	3	130	62	64	4	0.492	0.258	141	3.58	オリックス
1997	東尾 修	1	135	76	56	3	0.576	0.281	110	3.63	ヤクルト
1998	東尾 修	1	135	70	61	4	0.534	0.27	115	3.66	横浜
1999	東尾 修	2	135	75	59	1	0.56	0.258	89	3.58	ダイエー
2000	東尾 修	2	135	69	61	5	0.531	0.255	97	3.68	巨人
2001	東尾 修	3	140	73	67	0	0.521	0.256	184	3.88	ヤクルト
2002	伊原春樹	1	140	90	49	1	0.647	0.278	183	3.2	巨人
2003	伊原春樹	2	140	77	61	2	0.558	0.271	191	4.43	ダイエー
2004	伊東 勤	1	133	74	58	1	0.561	0.276	183	4.29	西武
2005	伊東 勤	3	136	67	69	0	0.493	0.269	162	4.27	ロッテ
2006	伊東 勤	2	136	80	54	2	0.597	0.275	131	3.64	日本ハム
2007	伊東 勤	5	144	66	76	2	0.465	0.264	126	3.82	中日
2008	渡辺久信	1	144	76	64	4	0.543	0.27	198	3.86	西武
2009	渡辺久信	4	144	70	70	4	0.5	0.261	163	4.01	巨人
2010	渡辺久信	2	144	78	65	1	0.545	0.271	150	4.19	ロッテ
2011	渡辺久信	3	144	68	67	9	0.504	0.253	103	3.15	ソフトバンク
2012	渡辺久信	2	144	72	63	9	0.533	0.251	78	3.24	巨人

広岡達朗監督を迎え5年目に日本一

　1981（昭和56）年オフには広岡達朗を監督に起用、1年目にパ・リーグ優勝。中日との日本シリーズも制し、球団創設からわずか5シーズン目に日本一となったのです。翌年も巨人との日本シリーズに激戦の末勝利し、西武ライオンズは一躍全国区の人気球団となりました。1986（昭和61）年に監督に就任した森祇晶時代には、豊富な先発陣とAKD砲に代表される破壊力のある打線で黄金時代を迎えます。その後、東尾、伊原、伊東、渡辺と監督は変わりますが、安定した成績を収めています。ライオンズは現在も埼玉県のシンボルとして、ファンに親しまれています。

> **マメ蔵　AKD砲**……1990年代の前半にクリーンアップを打った、秋山、清原、デストラーデの3選手を指します。走攻守がそろった秋山幸二外野手、甲子園のヒーローからパリーグの星に成長した清原和博内野手、カリブの怪人と呼ばれたオレステス・デストラーデの3選手は他球団にとっての脅威でした。

屋外球場からドーム球場に
西武ドームの楽しみ方

西武ドームは狭山線の西武球場前駅前にあります。開設当時は屋外球場でしたが、1998（平成10）年オフに屋根が取り付けられ全天候型施設「西武ドーム」としてリニューアルされました。

社会人野球チーム・プリンスホテルの本拠地として着工

　西武ライオンズの設立が発表された1978（昭和53）年10月の時点で、国土計画は狭山湖（現・西武球場前）駅前にある、西武園球場の改築工事を行っていました。同球場はスタンドの大半が芝生席という簡素な設備でしたが、社会人野球チームの「プリンスホテル」の本拠地として整備するため、8,000人収容の球場への改修を進めていたのです。

　新生西武ライオンズはこの西武園球場を本拠地とすることとなったため、プロ野球チームに相応しい施設として再度計画が見直されることになりました。収容人員30,000人となった新球場は丘陵地を掘り下げて建設されることとなり、スタンドは掘割に設置、外壁が一切ないという画期的な構造となりました。球場名は西武ライオンズ球場とされ、突貫工事の末、1979（昭和54）年の開幕と同時に開業。45年間利用できるオーナーズシート（ネット裏）を1,000万円（4席セット）で販売するなど、建設資金の調達方法も話題となりました。

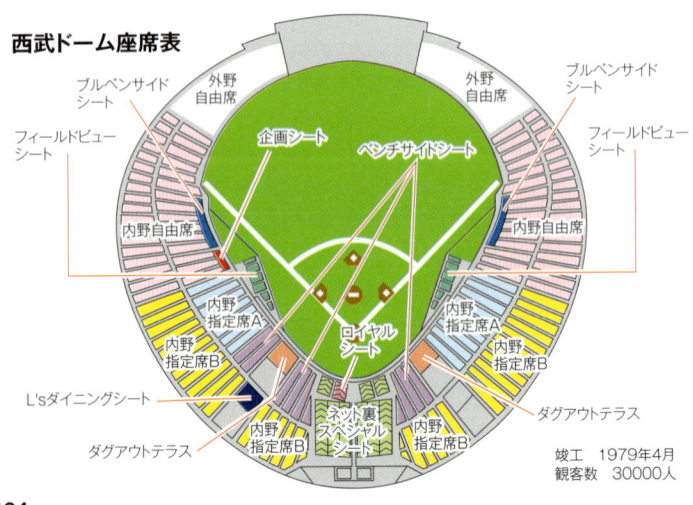

西武ドーム座席表

竣工　1979年4月
観客数　30000人

緑の森にわき上がる
西武ライオンズ戦士の熱き血潮

西武ドーム周辺図

ライオンズのベンチが1塁側から3塁側に

　西武ライオンズ球場は初年度にパ・リーグ球団ではトップとなる観客動員（約140万人）を達成。ライオンズの選手がホームランを打つと打ち上がる「ホームラン花火」や、当時珍しかった大型映像装置の設置など斬新なサービスの提供も話題となりました。その後も、西武ライオンズの戦力充実とともに観客数は年々増加。清原和博、秋山幸二、工藤公康、渡辺久信、潮崎哲也など全国区の人気選手が活躍するようになると、観客動員は200万人目前に迫ったのです。

　1998（平成10）年オフには、屋根が架けられ全国で5番目のドーム球場としてリニューアルされます。さらに、2008（平成20）年にはスタンドの一部に飲食施設やトイレを設置するなど、現在も施設改善が続けられています。2009（平成21）年にはホームチーム（ライオンズ）のベンチが球団施設に隣接する3塁側に移設されています。

> **マメ蔵　ビクトリーロード**……かつての西武ライオンズ球場では、西武ライオンズが勝った場合に、引き上げる選手がネット裏の階段を通行するサービスが行われていました。選手を間近で見ることができるため、観客にも好評のサービスでした。また、ドーム化前には勝利後にライト席後方から花火が打ち上げられていました。

首都圏のアイスホッケーファンの聖地 東伏見アイスアリーナ

西武鉄道は沿線に多数のスケートリンクを設けています。その中でも東伏見アイスアリーナはアイスホッケーファンの「聖地」とされ、さまざまな大会が開かれています。

西武グループとウィンタースポーツ

　かつて西武グループのオーナーだった堤義明氏は、スポーツの振興にことのほか力を入れていました。1978（昭和53）年にプロ野球チームのクラウンライターライオンズを買収したのもその一環といえますが、それ以前から特に力を入れていたのがウィンタースポーツです。渡部絵美氏や伊藤みどり氏など、世界的なフィギュアスケート選手の育成にも尽力していました。

　こうした経緯もあり、西武鉄道は沿線にスケートリンクを多数抱えており、1984（昭和59）年には新宿線の東伏見駅前にスケートリンク「東伏見アイスアリーナ」をオープンしました。約1,800㎡のリンクと、収容人員3,500人の観客席を備えており、アイスホッケーやフィギュアスケートの大会に使用されています。

【下】施設全景。道路に面したスペースはドラッグストアに提供されている　【右】南ゲート。奥には命名権を購入したダイドーの自動販売機がある

施設前の広場にはベンチが置かれ、地域住民の憩いの場として機能している

東伏見駅に面して東伏見稲荷神社の鳥居が立つ

東伏見駅には、ダイドードリンコアイスアリーナの案内表示が掲示されている

首都圏の
アイスホッケーの聖地
スケートリンクとして
一般にも開放

日本で初めて命名権を販売

　この東伏見アイスアリーナを本拠地としていたのが、アイスホッケーの強豪だった西武鉄道アイスホッケー部やコクドアイスホッケー部の流れをくむ、「SEIBUプリンス ラビッツ」でした。このため、日本アイスホッケーリーグ（後にアジアリーグアイスホッケーに合流）などの主要大会も開催され、ある意味ではアイスホッケーファンにとって「聖地」といえる存在です。2008～2009年シーズンを最後にSEIBUプリンス ラビッツが解散したことから、アジアリーグの試合は激減してしまいましたが、現在も1シーズン4～6日間（8～12試合）のみ開催されており、依然として「聖地」の座を守り続けています。

　なお、東伏見アイスアリーナは命名権を販売（ネーミングライツ）しており、1997（平成9）年にサントリーがこれを買収し、愛称が「サントリー東伏見アイスアリーナ」になりました。施設名のネーミングライツとしては、日本初の事例といわれています。現在は命名権契約がダイドードリンコに移ったため、愛称名も「ダイドードリンコアイスアリーナ」に変更されました。ちなみに、施設内にはダイドーの自動販売機が設置されています。

> **マメ蔵**　**一般滑走営業**……東伏見アイスアリーナは、試合や大会がない日は通常のスケートリンクとして一般営業を行っています。土曜日を除く毎日スケート教室も開催されています。

5章　西武鉄道トリビア

高田馬場駅と東大和市駅に隣接するビッグボックスってどんな施設?

「BIG BOX(ビッグボックス)」は、新宿線高田馬場駅と拝島線東大和市駅に隣接している、西武鉄道所有の商業ビルです。充実したスポーツ施設が特徴です。

「走る人」が目印だった高田馬場駅

　直訳すると「大きな箱」を意味するビッグボックスは1974(昭和49)年、新宿線高田馬場駅に隣接する地下1階、地上9階のビル「BIG BOX 高田馬場」としてオープンしました。丹下健三の門下生で、現在の東京都庁舎などを設計したことでも知られる建築家・黒川紀章の手によるものです。箱形の鉄筋鉄骨コンクリート造で窓がなく、まさに「大きな箱」。壁面には赤を基調に「走る人」の絵が大きく描かれ、その目立つ姿から待ち合わせ場所の目印としても有名でした。

　館内の1・2階はショッピングフロア、9階はレストランなどが入っており、駅ビルとしては一般的なものです。しかし、3～8階は水深1.1mの25mプールやボウリング場などのスポーツ施設があり、スポーツ振興に力を入れている西武グループらしい駅ビルといえるかもしれません。

高田馬場駅に隣接するBIG BOX高田馬場。各種商業施設も入居する

地域の娯楽の殿堂として人気のBIG BOX東大和

BIG BOX高田馬場のボウリング場。若者向けの割引サービスを行うなど、各種のサービスを展開している

BIG BOX高田馬場のスポーツジム。平日昼間から賑わっている

大都会にあるスポーツの殿堂老若男女に愛されるレジャー施設

　オープンから30年以上が経過した2007（平成19）年、老朽化に伴う改修工事が実施され、同年10月に再オープンしました。ビッグボックスの象徴だった「走る人」は消え、青を基調としたデザインに変更されています。長らく高田馬場駅の象徴だった「走る人」の消失は、多くの駅利用者を寂しがらせました。

スケートリンクに隣接する東大和駅

　BIG BOX 高田馬場のオープンから14年後の1998（平成10）年、ビッグボッグスを名乗る2番目の施設として「BIG BOX 東大和」がオープンしました。地上3階で屋根部は曲線を描いており、箱形のBIG BOX 高田馬場とは印象が異なります。

　これより5年前の1993（平成5）年、拝島線の東大和市駅前にスケートリンク（**東大和スケートセンター**）がオープンしましたが、BIG BOX 東大和はこれに隣接する形で建設され、やはりグルメ・ショッピングフロアのほかボウリング場や屋内テニスコートなどのスポーツ施設が設けられました。ボウリング場では、日本プロボウリング協会による「BIG BOX 東大和カップ」も開催されています。

> **マメ蔵　東大和スケートセンター**……一般向けのスケートリンクとして開放されており、地域住民のレクリエーションの拠点として親しまれています。滑走料金は1日1,200円（大人）、貸靴は1日500円とリーズナブルな利用料金も人気です。

鉄道を補完する西武バスの広範な路線網

西武グループの運輸会社は西武鉄道だけではありません。東京から埼玉にかけての広いエリアをカバーする西武バスが、西武の鉄道路線を補完しています。

西武バスには西武鉄道を補完する路線も多い

池袋を中心に高速バスの路線も各地に延びている。写真は本川越〜羽田空港間のバス

起源は浦和のバス会社

現在の西武鉄道は、戦前においては武蔵野鉄道、西武鉄道（初代）、多摩湖鉄道に分かれており、3社とも路線バスを兼業していました。また、1932（昭和7）年には埼玉県の浦和町（後の浦和市、現在のさいたま市浦和区）に東浦自動車が設立され、浦和周辺の路線バスを運行するようになりましたが、戦時中の1941（昭和16）年に武蔵野鉄道の傘下となり、1946（昭和21）年に武蔵野自動車に改称されました。

鉄道3社は戦時中から終戦直後にかけての合併で西武農業鉄道（現在の西武鉄道）に生まれ変わりましたが、翌年にはバス路線を全て武蔵野自動車に譲渡し、現在の在京大手私鉄では最も早くバス事業の分社化を図りました。その後、武蔵野自動車は西武自動車への改称を経て、1969（昭和44）年から西武バスに再改称しています。

ちなみに、西武鉄道の事実上の持株会社だった国土計画も、かつては軽井沢で路線バスを運行していましたが、1958（昭和33）年に西武バスに譲渡され、1991（平成3）年には西武高原バスに分社化されています。

鉄道は東西、バスは南北

現在の西武バスは、東京都北西部から埼玉県南西部にかけての広いエリアで路線バス事業を展開しており、特にJR中央線荻窪～立川間から東武東上本線成増～志木間にかけてのエリアで緻密な路線網が構築されています。このエリアは都心と郊外を東西に結ぶ鉄道路線が多い一方、各線を南北に結ぶ鉄道路線が少ないため、これを補完しているのです。

高速バスは、東京・埼玉～甲信越・北陸地方を結ぶ便を中心に運行しています。かつてはサンシャインシティプリンスホテルを起点とし、池袋駅東口を経由して各地に向かうルートでしたが、現在はサンシャインシティ～池袋間の乗り入れを取りやめ、代わって新宿駅西口を発着する便が増えています。

東京西部から埼玉県にかけての広範な路線網 駅間を結ぶ路線も充実

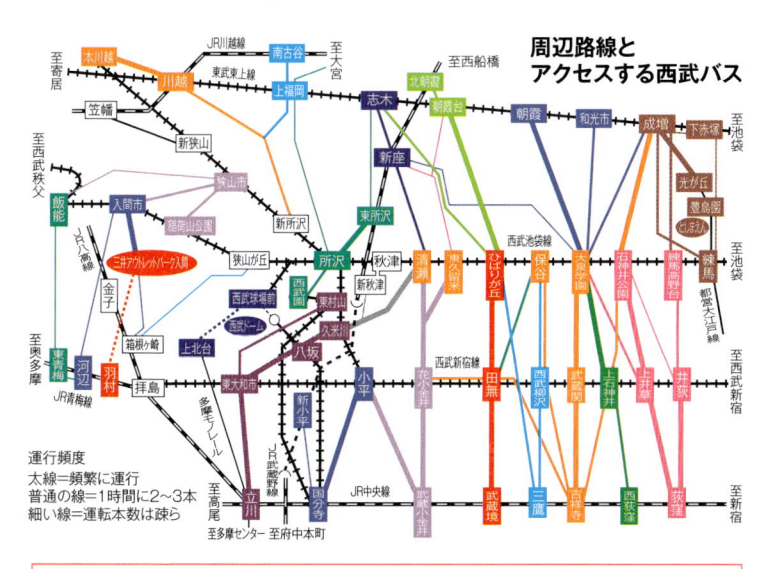

周辺路線とアクセスする西武バス

運行頻度
太線＝頻繁に運行
普通の線＝1時間に2～3本
細い線＝運転本数は疎ら

> **マメ蔵** 池袋～ソウル便……2001（平成13）年放送のテレビ番組の企画で、西武バスのバス車両が韓国・ソウルまで「運行」されました。一部でフェリーを使用したものの、実際に路線バスが運行されている道路をたどっています。

ファミリーマートと共同展開する新しい駅売店「TOMONY」とは?

駅のプラットホームなどでよく見かける売店は西武鉄道にもあります。近年はコンビニ大手との提携による、新しいタイプの店舗への移行が進められています。

コンビニ大手との共同展開に移行

　西武鉄道には92の駅があり、そのうち約70駅に直営売店があります。かつては西武鉄道が単独で展開していましたが、現在はコンビニエンスストア大手のファミリーマートと共同展開している駅売店「TOMONY(トモニー)」に移行しつつあります。名前のTOMONYには、「ファミリーマートと共に」などの意味が込められています。

　TOMONYは2007(平成19)年7月、実験店舗として練馬、西所沢、練馬高野台の3駅に設けられ、同年12月から高田馬場駅を皮切りに本格展開を開始しました。2012(平成24)年11月現在、TOMONYは52駅に設けられています。今後も順次、従来型の駅売店をTOMONYに転換していく予定です。

飯能駅の「TOMONY」。改札の内外いずれからも利用が可能となっている

西武鉄道の各種グッズを取り扱う

ファミリーマートのノウハウを投入して進化した駅ナカコンビニ

5章 西武鉄道トリビア

狭山ケ丘駅の「TOMONY」。市中のコンビニと同様タバコ、菓子、ビール、ジュースなどを扱う

西武オリジナルグッズも購入できる

　TOMONYは3種類の店舗があります。一般的なコンビニエンスストアと同じ形態の店舗が「ウォークイン型」で、売り場面積はコンビニの半分、もしくは同じ規模です。これより売り場面積が小さく、飲食類や雑誌、新聞、日用品などのうち緊急性の高い商品に絞った店舗は「ステップイン型」と呼ばれます。また、プラットホーム上にある従来の駅売店と同様の形態で、軽食類などを中心に品ぞろえを充実させた店舗は「カウンター型」と呼ばれています。

　TOMONYは西武鉄道がファミリーマートとフランチャイズ契約して出店していますが、市中のファミリーマートとは別物といっていいほどの違いがあります。24時間営業の店舗が多いファミリーマートに対し、TOMONYの営業時間は列車の運行時間内（6時30分〜23時）に限定されています。マルチメディア端末やATMは、練馬駅を除いて設置されていません。電子マネーはPASMOとSuicaのみ利用できます。

　その一方、TOMONYでは西武鉄道のオリジナルグッズ（188〜189ページ）を販売しているなど、ファミリーマートにはない特色も見られます。

> **マメ蔵**　**駅売店とコンビニの提携**……駅売店におけるコンビニエンスストアとの提携は、他の鉄道会社でも見られます。東京急行電鉄はローソン、JR北海道グループの北海道キヨスクはセブン-イレブン・ジャパンと提携しています。

西武鉄道の駅ナカ施設にはどんなショップがある？

西武鉄道は駅ごとにテーマが異なる駅ナカ商業施設「Emio」を展開しています。その一方、西武の駅ナカの定番だった立ち食いそば屋は近年大幅に減少し、現在は4駅が残るのみです。

Emio所沢の施設愛称「とこてらす」の命名記念式典。左からEmioのイメージキャラクター「エミミ」、西武ホールディングスの後藤社長、命名者の一般女性、埼玉西武ライオンズの渡辺久信監督　写真提供：平賀尉哲

池袋駅構内にはフードコートがあり、終日賑わっている

駅ごとにテーマが異なるEmio

　駅構内には古くから小規模な売店が設置されていましたが、これらは利用者の利便性を図ることが目的で、あくまで補助的な施設でした。しかし、近年は駅そのものが持つ集客力を評価し、「**駅ナカ**」と称して比較的規模の大きい商業施設が構内に整備されるようになりました。

　西武鉄道も、2007（平成19）年から中小規模の駅ナカ商業施設を積極的に展開しています。西武グループのスローガンである「でかけるひとを、ほほえむ人へ。」に基づき、「あなたの暮らしにほほえみを」というキャッ

チフレーズが定められ、ここから「えみを」を抜き取って「Emio（エミオ）」と名付けられました。2012（平成24）年10月現在、Emioは練馬、中村橋、練馬高野台、保谷、東久留米、所沢、狭山市、武蔵境の8駅に設けられています。

Emioの特徴は、駅ごとに基本的なテーマを定め、それに合致する店舗が入っている点です。例えば、練馬駅のEmioのテーマは「女性の癒し」で、エステサロンや化粧品店などが入っています。

なお、西武秩父線の西武秩父駅では1991（平成3）年、西武鉄道直営の商業施設として「西武秩父仲見世通り」がオープンし、秩父地方の名産品を販売する店舗が入っています。これも駅ナカ商業施設の一つといえるでしょう。

定番の立ち食いそば屋は減少

駅ナカの主力店舗といえば飲食店ですが、駅構内飲食店の古くからの定番といえば、なんといっても立ち食いそば屋です。西武鉄道の駅構内では、「狭山そば」ののれんで立ち食いそば店が営業しています。

2012（平成24）年10月現在、西武線内の狭山そばは清瀬、武蔵関、新所沢、東村山の4駅で営業しています。近年は閉店が相次いでおり、所沢駅にあった狭山そばは2011（平成23）年12月31日、年を越すことができずに閉店してしまいました。

西武で進行する駅ナカ革命
続々誕生する洗練された店舗群

駅施設外にも味わい深いショップが多い。写真は鷺ノ宮駅北口

高田馬場駅には横浜のシウマイの老舗・崎陽軒がある

西武鉄道の駅ナカ……一般的には改札内にある商業施設が「駅ナカ」と呼ばれています。しかし、西武鉄道は改札の内外を含めた駅構内の商業施設を総称して「駅ナカ」と呼んでいます。

ライオンズカラーの車両が活躍する伊豆箱根鉄道ってどんな鉄道？

西武グループの鉄道会社は西武鉄道だけではありません。関東・東海地方の伊豆箱根鉄道は、現在の西武鉄道が成立する前から西武グループに属していました。

伊豆箱根鉄道には修善寺始発の駿豆線と小田原始発の大雄山線の2路線がある。いずれも車両の塗色は1979〜2008年に西武ライオンズのユニホームで使用されていたライオンズブルーが採用されている　写真提供：谷崎竜

大正期に西武グループの一員となる

　伊豆箱根鉄道は、神奈川県西部の大雄山線と静岡県伊豆地方の駿豆線などを運営している鉄道会社です。

　まず1898（明治31）年に駿豆線が開業し、当初は豆相鉄道が経営していましたが、1917（大正6）年には駿豆鉄道に経営が引き継がれました。一方、大雄山線は1922（大正11）年に設立された大雄山鉄道が経営していました。

　ちょうどこの頃、堤康次郎率いる箱根土地（後の国土計画興業→国土計画→コクド）が設立され、1923（大正12）年に駿豆鉄道が箱根土地の傘下に入りました。駿豆鉄道は1938（昭和13）年、同じ箱根土地系列である箱根遊船（芦ノ湖遊覧船）を合併して駿豆鉄道箱根遊船に改称。1941（昭和16）年には大雄山鉄道を吸収合併しました。

西武傘下のローカル私鉄
スカイブルーの車両は沿線の人気者

【左】大雄山線の5000系。伊豆箱根鉄道では親会社の西武鉄道より早くステンレス車の時代が到来した 【下】大雄山線の終着駅・大雄山。大正末期の木造モルタル駅舎が現存している

　戦後の1957（昭和32）年には現在の伊豆箱根鉄道に改称されましたが、その後も西武鉄道と同様、国土計画（コクド）を親会社とする西武グループの一員として、さらなる発展を遂げていきます。伊豆箱根鉄道が所有する鉄道車両やバス車両の多くは、西武ライオンズのシンボルカラーである「ライオンズカラー」、または「ライオンズブルー」で塗装されていますが、このことも西武グループの一員であることを強く表しています。

伊豆と箱根で繰り広げられた「戦争」

　堤率いる西武グループは1950～1960年代、箱根や伊豆の観光開発をめぐり、五島慶太率いる東京急行電鉄や、同じく五島の影響下にあった小田急電鉄と激しく対立しました。この対立は後に「箱根山戦争」「伊豆戦争」などと呼ばれ、戦前に箱根地区のバス専用道を建設した伊豆箱根鉄道が、箱根登山鉄道（小田急系列）のバスの専用道乗り入れを実力で阻止するといった事態も発生しました。

　現在は各グループの関係も改善されており、小田急が箱根観光向けに販売している割引切符を西武鉄道も販売するなど、一定の協力関係が築かれています。

> **マメ蔵　近江鉄道**……西武グループの鉄道会社としては、他に滋賀県の近江鉄道があります。沿線の愛荘町は堤康次郎の生まれ故郷であり、その縁もあって1943（昭和18）年に箱根土地の傘下に入りました。

5章　西武鉄道トリビア

阪神電鉄に学んだ西武の球場輸送

関東の私鉄で唯一、プロ野球の球団を持つ西武。本拠地西武ドーム最寄りの西武球場前駅に乗り入れる狭山線では、効率的な観客輸送を行っています。

ライオンズとともに生まれ変わった駅

　プロ野球パ・リーグの西武ライオンズは、最初のシーズンとなる1979（昭和54）年から、所沢市内の西武ライオンズ球場を本拠地としました。待望のプロ野球参加を迎えるにあたり、狭山線の終点狭山湖駅を球場に直結する位置へ移設。そして、初シーズン開幕の直前に駅名を西武球場前と改称しています。

　以来、球場がドーム化されるなどの変遷がありますが、観客輸送の中心的役割を果たしているのが、この駅です。球場で試合やイベントがある時は、大量の観客が短時間に集中するので、それをさばくために特別な施策をとっています。

西武球場前

年々進化する球場輸送 特急や地下鉄乗り入れ 列車も運転される

10両編成の輸送力は約1,500名にも及ぶ

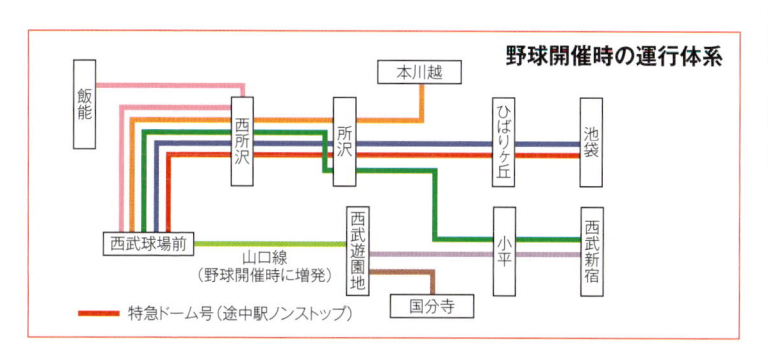

野球開催時の運行体系

飯能／西所沢／所沢／本川越／ひばりヶ丘／池袋／西武球場前／西武遊園地／国分寺／小平／西武新宿

山口線（野球開催時に増発）

━━ 特急ドーム号（途中駅ノンストップ）

試合の終了時間に合わせてタイムリーな輸送を実践

　まず、来場客の輸送のため、通常少数が設定されている池袋発の直通列車に加え、池袋および西武新宿発の臨時直通列車を増発。また、帰宅する観客の輸送も重要なのですが、試合終了時刻はその時にならないとわかりません。そこで、あらかじめ複数の臨時列車のパターンを設定しておき、実際に試合が終わった時に最適な時間で運転します。

　このような手法は、阪神電鉄による**甲子園**球場の観客輸送を参考に、当初より実施してきたものです。一時期、試合終了時刻にかかわらず固定の臨時ダイヤとしていましたが、2010（平成22）年3月のダイヤ改正で、元のやり方が復活。具体的には、池袋線については池袋行きの臨時直通（急行、快速等）を3～4本運転し、西所沢行き区間列車の一部を清瀬駅まで延長。新宿線および地下鉄直通も、西所沢止まりの一部を延長します。

　西武球場前駅のホームと線路の本数が多いのは、このように短時間に集中して列車を増発するためなのです。

> **甲子園**……甲子園球場最寄りの阪神電鉄甲子園駅では、かつて野球の試合の開催に合わせた優等列車の臨時停車や、区間列車の延長を行っていました。しかし、現在は優等列車も大部分の列車が定期で停車するダイヤとなり、このような対応は過去のものとなりました。

6章
西武鉄道の歴史

写真提供:毎日新聞社

武蔵野鉄道や川越鉄道などをルーツとする西武鉄道は、後の合併によって現在の路線網を形成していきました。昭和のカリスマ経営者・堤康次郎氏の経営参画により、鉄道事業を基軸に据えた西武グループは急速に発展。1978(昭和53)年にプロ野球球団・西武ライオンズが発足すると、西武の知名度は一気に全国区となりました。

●西武鉄道の歴史 I
鉄道空白地帯に開業した私鉄たち

現在の西武鉄道は、明治時代の中期から末期にかけて設立された川越鉄道や多摩鉄道、武蔵野鉄道などの鉄道路線で構成されています。まずは各社の生い立ちを見てみましょう。

甲武鉄道から分岐する川越鉄道。古くから物資の集積地であった川越への鉄道開業は物流に大きな影響を与えた 写真提供:鉄道博物館

物資輸送鉄道として開業した川越鉄道

　多くの大手私鉄の鉄道路線がそうであるように、西武鉄道も複数の鉄道会社によって、現在の路線網が構築されました。

　まず1892（明治25）年、国分寺と川越を結ぶ鉄道の運営会社として川越鉄道が設立され、1895（明治28）年までに全線が開業しました。現在の国分寺線国分寺～東村山間と、新宿線東村山～本川越間です。現在のJR中央線である甲武鉄道から分岐して川越に至る路線で、入間地方で生産される蚕糸、織物、製茶などを東京方面に輸送する路線として計画されました。川越鉄道の経営には、甲武鉄道の経営に関わっていた**雨宮敬次郎**などの鉄道資本家も参加しており、実質的には甲武鉄道の支線の扱いでした。

武蔵野の地に川越鉄道が開業
次いで、東京西部の武蔵野鉄道も開業

6章 西武鉄道の歴史

川越鉄道の親会社にあたる甲武鉄道の電車。
川越鉄道と甲武鉄道を直通する列車もあった

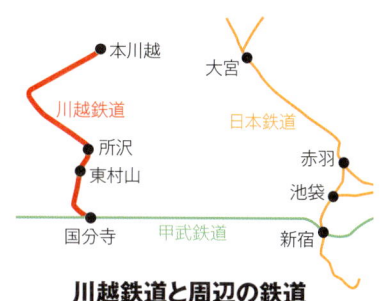

川越鉄道と周辺の鉄道

現在の西武鉄道の礎・武蔵野鉄道が開業

　これに続いて1902（明治35）年、川越の有力者らが大宮への連絡を目指し、川越馬車鉄道を設立しました。その名の通り、当初はウマが客車を引っ張る馬車鉄道として計画されましたが、後に電力会社との合併、川越電気鉄道への改称を経て、1906（明治39）年に川越久保町〜大宮間を結ぶ路面電車として開業しています。

　翌年には、新宿（淀橋）〜荻窪間を結ぶ路面電車の運営会社として堀之内軌道（後に西武軌道に改称）が設立されましたが、こちらは資金難から着工できない状態が続き、実際に開業したのは1921（大正10）年のことです。

　1910（明治43）年には、現在の多摩川線の運営会社として多摩鉄道が設立され、1922（大正11）年までに全線が開業しました。多摩川の河川敷で採取された川砂利の輸送を目的に建設された路線です。

　そして1912（明治45）年、現在の池袋線などを運営する鉄道会社として設立されたのが、武蔵野鉄道です。川越鉄道のルートから外れた飯能の有力者らにより、飯能と東京を直結する路線として計画されました。1915（大正4）年には池袋〜飯能間が一気に開業しています。

　なお、川越電気鉄道は電力事業のさらなる拡大のため、有力資本家を加えた武蔵水電を別に設立し、1914（大正3）年に武蔵水電が川越電気鉄道を吸収合併しました。

> **マメ蔵**　**雨宮敬次郎**……1846（弘化3）年に甲斐国（現・山梨県）で生まれ、「雨敬」の愛称で親しまれた明治時代を代表する実業家です。北海道炭礦鉄道や、大師電気鉄道（京急の前身）、江ノ島電鉄など、数多くの鉄道会社の立ち上げや経営にも関わっています。

●西武鉄道の歴史 Ⅱ
都心連絡を機に競争が激化

武蔵野鉄道の登場に危機感を抱いた川越鉄道は都心連絡路線の建設を計画し、初代・西武鉄道に生まれ変わりました。これを機に両社は激しい競争を繰り広げることになります。

西武軌道の吸収合併

　大正期に入った頃、川越鉄道の経営に暗雲が漂い始めました。東京都心に直接連絡する東上鉄道（現在の東武鉄道東上本線）や武蔵野鉄道が相次いで開業したため、国分寺駅で中央線への乗り換えが必要な川越鉄道は、競争上不利な立場に置かれたのです。そこで川越鉄道は従来線の電化や複線化、そして都心連絡路線の建設を計画し、競争力を強化することにしました。

　電化により必要な電力は武蔵水電から供給を受ける計画でしたが、これを機に両社合併の話が浮上し、1920（大正9）年に武蔵水電が川越鉄道を吸収合併しました。一方、都心連絡路線の当初計画は吉祥寺〜東村山間でしたが、後に新宿〜荻窪〜東村山間に変更されました。このうち新宿〜荻窪間は西武軌道の路面電車と競合することから、1921（大正10）年に開業直後の西武軌道を吸収合併しています。

武蔵野鉄道が導入した電気機関車デキカ20形（写真はE21形と形式変更された後の様子）
写真提供：RGG

近代化を続ける武蔵野鉄道 西武軌道は東京市の傘下に

6章 西武鉄道の歴史

西武軌道の名残を伝えた東京都電杉並線
写真提供:杉並区役所

西武軌道の系統図

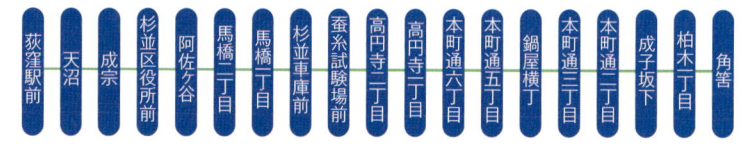

荻窪駅前 — 天沼 — 成宗 — 杉並区役所前 — 阿佐ヶ谷 — 馬橋二丁目 — 馬橋一丁目 — 杉並車庫前 — 蚕糸試験場前 — 高円寺二丁目 — 高円寺一丁目 — 本町通六丁目 — 本町通五丁目 — 鍋屋横丁 — 本町通三丁目 — 本町通二丁目 — 成子坂下 — 柏木一丁目 — 角筈

武蔵野鉄道の発展

1922（大正11）年には電力業界の再編で帝国電灯が武蔵水電を吸収合併しましたが、鉄道事業は旧・武蔵水電の役員や株主らが別に設立した武蔵鉄道に譲渡されました。この譲渡の際、社名を西武鉄道（初代）に改めています。都心連絡路線の計画も西武鉄道が引き継ぎましたが、旧・西武軌道の路面電車を活用する都心連絡路線は、速度や輸送力の面で問題があると判断されたためか、建設ルートを高田馬場〜東村山間に再度変更し、1927（昭和2）年に村山線として開業しました。

これに対し、競合相手である武蔵野鉄道も電化と複線化を推進し、輸送力と競争力を強化していきました。さらには1929（昭和4）年、秩父地方で産出される石灰石の輸送や行楽客の輸送を目的として飯能〜吾野間を延伸開業し、事業の拡大を図っていきます。こうして両社は激しい競争を繰り広げ、利用者の獲得に心血を注ぐことになるのです。

なお、都心連絡路線から外された旧・西武軌道の路面電車は1935（昭和10）年、東京乗合自動車に経営が委託され、実質的には西武鉄道の手を離れました。この経営委託は1942（昭和17）年の交通事業統合で東京市電気局に引き継がれ、戦後は**東京都交通局**に譲渡されて都電杉並線になりましたが、1963（昭和38）年に廃止されています。

> **マメ蔵**
> **東京都交通局**……東京都内の交通事業を運営する地方公営企業で、地下鉄、路面電車、バス、新交通システムの路線を有しています。かつては、都心部に路面電車の路線を多数保有していましたが、現在は旧27・32系統を統合した荒川線のみとなっています。杉並線は1963（昭和38）年に廃止されました。

●西武鉄道の歴史 Ⅲ
堤康次郎の経営参画と合併の推進

競争や事業拡大による設備投資が裏目に出て、武蔵野鉄道はいつしか経営の危機にひんしました。これを再建したのが堤康次郎で、後に旧・西武鉄道との経営統合が図られます。

堤康次郎が経営再建に着手

　西武鉄道と武蔵野鉄道が激しい競争を繰り広げていた昭和初期、堤康次郎率いる不動産会社の**箱根土地**が、村山貯水池(多摩湖)周辺の観光開発や沿線分譲地への連絡を目的とした鉄道を計画しました。これが現在の多摩湖線です。1928(昭和3)年に箱根土地の子会社として多摩湖鉄道が設立され、1930(昭和5)年までに全線が開業しました。これに対し、西武鉄道や武蔵野鉄道も、多摩湖への連絡路線として現在の狭山線と西武園線を開業し、競争はますます激しくなっていきました。

　しかし、武蔵野鉄道は積極的な設備投資の割には利用者が思ったほど増えず、経営は次第に悪化しました。箱根土地はこれを機に、株価が下がった武蔵野鉄道の株式を買い集めて経営権を掌握し、堤康次郎が経営の再建に当たります。

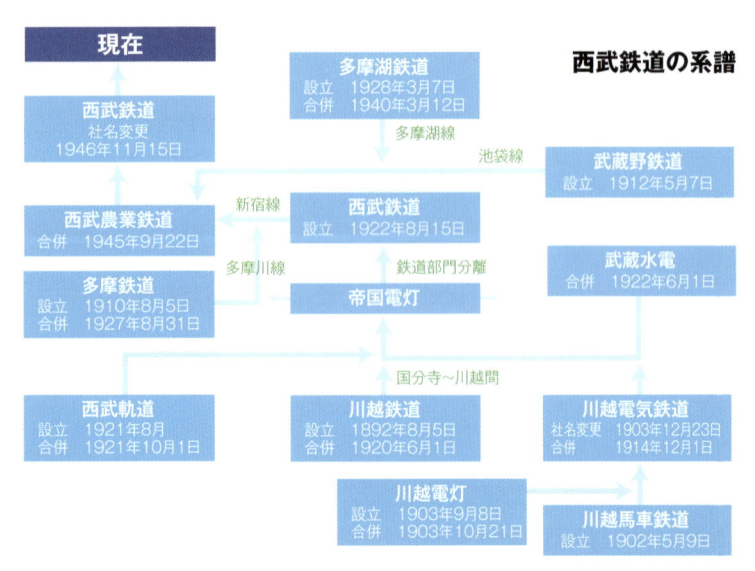

西武鉄道の系譜

現在		
西武鉄道 社名変更 1946年11月15日	多摩湖鉄道 設立 1928年3月7日 合併 1940年3月12日	
	多摩湖線	
	池袋線	武蔵野鉄道 設立 1912年5月7日
新宿線	西武鉄道 設立 1922年8月15日	
西武農業鉄道 合併 1945年9月22日		
多摩川線	鉄道部門分離	武蔵水電 合併 1922年6月1日
多摩鉄道 設立 1910年8月5日 合併 1927年8月31日	帝国電灯	
	国分寺〜川越間	
西武軌道 設立 1921年8月 合併 1921年10月1日	川越鉄道 設立 1892年8月5日 合併 1920年6月1日	川越電気鉄道 社名変更 1903年12月23日 合併 1914年12月1日
	川越電灯 設立 1903年9月8日 合併 1903年10月21日	川越馬車鉄道 設立 1902年5月9日

陸上交通事業調整法で拡大する武蔵野鉄道
1943年に経営統合して再スタート

滋賀県の寒村から一代で西武コンツェルンを作り上げたカリスマ経営者・堤康次郎。戦後は政界に進出し衆議院議長も務めた　写真提供：毎日新聞社

　その後の再建は必ずしも順調ではなく、一時は運賃収入の差し押さえや電気料金の滞納による送電制限も受けましたが、1938（昭和13）年には東武鉄道の根津嘉一郎（初代社長）をはじめとする大口の債権者が債務免除に応じたことで、経営が好転しました。

現在の西武鉄道の骨格が成立

　また、1938（昭和13）年には、激しい競争や不況による経営の悪化を抑制するため陸上交通事業調整法が制定され、戦時体制も背景に交通事業者の統合が進められることになりました。東京市（現在の東京都）周辺の郊外私鉄路線は、原則として中央本線や東北本線、常磐線を境界としたブロックごとに交通事業者を一つにまとめることになりました。1940（昭和15）年、箱根土地は多摩湖鉄道を武蔵野鉄道に吸収合併させ、続いて1943（昭和18）年には堤康次郎が西武鉄道の社長に就任して、事実上の経営統合が図られました。

　なお、西武鉄道が運営していた旧・川越電気鉄道の路面電車は、大宮～川越～高麗川間を結ぶ国鉄川越線の開業を受けて1940（昭和15）年に休止し、翌年に廃止されました。

> **箱根土地**……西武グループの中核企業だったコクドの前身。創立は1918（大正7）年で、箱根や軽井沢などのリゾート開発や目白、小平などの住宅開発を行いました。1944（昭和19）年には社名を国土計画興業と改称しています。

●西武鉄道の歴史 Ⅳ
新生・西武鉄道の誕生

戦後の新生・西武鉄道は、新線の建設や車両増強など輸送力の強化を積極的に進めました。さらに、近年は地下鉄への乗り入れも強化され、都心各地へのアクセスが改善されています。

西武農業鉄道を経て新生・西武鉄道が成立

　武蔵野鉄道は終戦直後の1945（昭和20）年9月、西武鉄道と前年に設立された食糧増産（西武鉄道を親会社とする農業会社）を吸収合併しました。ただし、会社が消滅する西武鉄道社員への配慮と、農業会社を含む合併という事情から、合併後の新社名は西武農業鉄道になりました。翌年には「農業」の2文字を外し、現在の西武鉄道に改称されています。

　これに先立つ1944（昭和19）年、箱根土地は国土計画興業に改称されました。これが後の国土計画→コクドです。これにより、堤康次郎率いる国土計画を事実上の持株会社とし、西武鉄道をはじめとした西武グループ各企業を支配するという構図が確立しました。

　戦後の西武鉄道は、通勤輸送の増強と観光輸送の開拓に力を入れました。旧・西武鉄道の村山線は1952（昭和27）年、新宿への乗り入れを開始し、西武新宿～本川越間を結ぶ新宿線が成立しました。旧・武蔵野鉄道の池袋線では、1963（昭和38）年から私鉄初となる10両編成の電車が運転を

1954年の野方駅。現在駅の直下を貫通する環状7号線はまだ影も形もない　写真提供＝毎日新聞社（池田信撮影）

成熟する都市圏輸送
他社線区との連携を深める西武各線

西武鉄道駅別乗降人員数(2011年度)

駅名	路線名	乗降人員数	駅名	路線名	乗降人員数
池袋	池袋線	487,603	秋津	池袋線	77,111
高田馬場	新宿線	299,736	田無	新宿線	76,188
西武新宿	新宿線	179,766	清瀬	池袋線	70,518
国分寺	国分寺線・多摩湖線	115,005	石神井公園	池袋線	70,043
練馬	池袋線	100,760	ひばりが丘	池袋線	68,663
所沢	池袋線・新宿線	96,156	新所沢	新宿線	57,821
小竹向原	西武有楽町線	91,536	保谷	池袋線	56,041
大泉学園	池袋線	84,089			

開始しています。郊外の新線建設も推し進め、1968(昭和43)年に拝島線、1969(昭和44)年に西武秩父線が全線開業しました。

CI戦略の強化で新しい企業イメージを創出

　都心の地下鉄への乗り入れは、他の在京大手私鉄に比べるとかなり遅く、1998(平成10)年から始まった池袋線と営団地下鉄(現在の東京メトロ)有楽町線の相互直通運転が初めてでした。さらに、2008(平成20)年から東京メトロ副都心線との相互直通運転も開始し、2013(平成25)年には副都心線経由で東急東横線に乗り入れます。

　箱根や伊豆の観光開発をめぐる東急グループとの確執や、西武グループの基礎を築いた堤康次郎の死去はあったものの、鉄道事業に関しては康次郎の三男である堤義明に引き継がれ、経営は順調に推移しました。

　ところが、2004(平成16)年に有価証券報告書の虚偽記載などの不祥事が相次いで発覚したことから、堤義明は経営の一線から退きました。2006(平成18)年には、堤義明の影響力を低下させた持株会社の西武ホールディングスが設立され、現在は西武鉄道のほかコクドを吸収合併したプリンスホテルなどが同社の傘下に入っています。

　近年の西武鉄道はシンボルマークの変更や斬新なデザインの新型車両30000系の導入などの**CI戦略**を推進、イメージが刷新されています。

　2012(平成24)年には、武蔵野鉄道開業から起算して創業100周年を迎え、さまざまなイベントが開催されました。

> **CI戦略**……コーポレート・アイデンティティの略。新イメージやデザインの導入により、企業イメージや存在価値を高めていこうという戦略。バブル時代以降導入する企業が増えましたが、これ以降横文字の企業名が増加しています。

Index

英数字

- 10000系 ・・・・・・・・・・・・・ 98
- 101系 ・・・・・・・・・・・・・ 120
- 20000系 ・・・・・・・・・・・・・ 96
- 2000系 ・・・・・・・・・・・・・ 110
- 30000系 ・・・・・・・・・・・・・ 94
- 3000系 ・・・・・・・・・・・・・ 108
- 301系 ・・・・・・・・・・・ 23・112
- 311系 ・・・・・・・・・・・・・ 122
- 351系 ・・・・・・・・・・・・・ 124
- 4000系 ・・・・・・・・・・ 22・106
- 401系 ・・・・・・・・・・・・・ 126
- 451系 ・・・・・・・・・・・・・ 126
- 5000系 ・・・・・・・・・・・・・ 118
- 501系 ・・・・・・・・・・ 125・128
- 551系 ・・・・・・・・・・・・・ 128
- 6000系 ・・・・・・・・ 14・53・100
- 601系 ・・・・・・・・・・・・・ 128
- 701系 ・・・・・・・・・・・・・ 130
- 801系 ・・・・・・・・・・・・・ 130
- 8500系 ・・・・・・・・・・・・・ 114
- 9000系 ・・・・・・・・・・・・・ 102
- AKD砲 ・・・・・・・・・・・・・ 193
- ASカー ・・・・・・・・・・・・・ 120
- ATC ・・・・・・・・・・・・・ 142
- ATS ・・・・・・・・・・・・・ 142
- Aトレイン ・・・・・・・・・・・ 96
- B11形 ・・・・・・・・・・・・・ 136
- CI戦略 ・・・・・・・・・・・・・ 219
- E11形 ・・・・・・・・・・・・・ 134
- E21形 ・・・・・・・・・・・・・ 134
- E31形 ・・・・・・・・・・ 134・163
- E41形 ・・・・・・・・・・・・・ 134
- E51形 ・・・・・・・・・・・・・ 134
- E61形 ・・・・・・・・・・・・・ 134
- E71形 ・・・・・・・・・・・・・ 134
- E851形 ・・・・・・・・・・・・・ 132
- EF65形 ・・・・・・・・・・・・・ 132
- EF81形 ・・・・・・・・・・・・・ 132
- Emio ・・・・・・・・・・・・・ 204
- Emio所沢 ・・・・・・・・・・・ 204
- Emio中村橋 ・・・・・・・・・・・ 54
- GTOサイリスタ ・・・・・・・・・ 99
- IGBT ・・・・・・・・・・・・・ 99
- Nicot東久留米 ・・・・・・・・・ 173
- Oneだぶる♪ ・・・・・・・・・・ 176
- SEMTRAC ・・・・・・・・・・・ 144
- TOMONY ・・・・・・・・・・・ 202
- VVVFインバータ制御 ・・・ 100・102・114

あ

- 赤電 ・・・・・・・・・・・・・ 125
- 芦ヶ久保駅 ・・・・・・・・・・ 66
- 安比奈車両基地 ・・・・・・・・ 41
- 安比奈線 ・・・・・・・・・・・ 40
- 雨宮敬次郎 ・・・・・・・・・・ 212
- アメリカン・ブルバード ・・・・ 71
- アルミ車体 ・・・・・・・・・・ 95
- アンリ・ファルマン号 ・・・・・ 80
- 井荻駅 ・・・・・・・・・・・・ 13
- 井笠鉄道 ・・・・・・・・・ 39・136
- 池袋駅 ・・・・・・・・・・・・ 48
- 池袋線 ・・・・・・・・・・ 14・16
- 池袋線車両所山口車両基地 ・・・ 87
- 伊豆箱根鉄道 ・・・・・・・・・ 206
- 未成線 ・・・・・・・・・・・・ 43
- 入間川橋梁 ・・・・・・・・・・ 154
- 近江鉄道 ・・・・・・・・・・・ 207
- 大泉学園駅 ・・・・・・・・・ 58・88
- 小川駅 ・・・・・・・・・・ 26・28
- 行先票 ・・・・・・・・・・ 129・183
- おとぎ列車 ・・・・・・・・・・ 136

か

- ガーダー橋 ・・・・・・・・・・ 155
- 改札 ・・・・・・・・・・・・・ 85
- 回生ブレーキ ・・・・・・・・・ 110
- 快速 ・・・・・・・・・・・・・ 10
- 快速急行 ・・・・・・・・・・・ 10
- 各駅停車 ・・・・・・・・・・・ 10
- 上井草駅 ・・・・・・・・・・ 76・88
- 上石神井駅 ・・・・・・・・・ 13・78
- 上石神井車両基地 ・・・・・・ 78・87
- 川越鉄道 ・・・・・・・・・ 18・60・212
- 簡易筆談器 ・・・・・・・・・・ 151
- 貫通扉 ・・・・・・・・・・・・ 110
- 掬水亭 ・・・・・・・・・・・・ 188
- 吉祥寺線 ・・・・・・・・・・・ 42
- 切妻 ・・・・・・・・・・・・・ 127
- 旧・保谷車両基地 ・・・・・・・ 167
- 急行 ・・・・・・・・・・・・・ 10
- 旧山口線 ・・・・・・・・・・・ 136

橋上駅舎	61
橋梁	154
銀河鉄道999	59・88
空気圧縮機	111・115
頸城鉄道	39・136
軽便鉄道	38
建設反対運動	157
恋まち	170
航空公園駅	80
甲子園	209
構内踏切	64
小江戸	99
小江戸川越特急バス	180
小江戸川越フリークーポン	180
小江戸巡回バス	180
国鉄101系電車	126
コクド	218
国土計画	218
国分寺駅	84
国分寺線	28・84
小手指車両基地	87
こども応援プロジェクト	172
子供鉄道	173
是政線	34

さ

埼玉西武ライオンズ	7・192
鷺ノ宮駅	74
索道事業	191
狭山市駅	89
狭山線	30
山岳路線	23
下山口駅	31
石神井公園駅	14・17
車両基地	86・166
車両基地一般公開イベント	166
準急	10
湘南電車タイプ	112
湘南窓	124
白糸台車両基地	87
新101系	35・112
新2000系	104
シングルアームタイプ・パンタ	105
新交通システム	38
信号場	83
新桜台駅	52
新宿線	18・20
新宿プリンスホテル	70

スイッチバック	62
スカート	111
スタンプラリー	184
ステンレス車	101
スマイルトレイン	94
正丸トンネル	66・152
制御車	121
制御電動車	105
西武園競輪場	37
西武園線	36
西武軌道	214
西武球場前駅	30・89・194
西武鷺ノ宮フィットネスクラブ	75
西武新宿駅	70・175
西武新宿ペペ	71
西武秩父駅	68
西武鉄道オリジナルグッズ	186
西武ドーム	89・194
西武バス	200
西武飯能ペペ	63
西武百貨店池袋本店	48
西武有楽町線	10
西友	78
セネタース	77
セミクロスシート	106

た

第15高麗川橋梁	154
第3軌条	114
高田馬場駅	72・88
田無駅	20
だぶるーと	176
多摩川競艇場	35
玉川上水車両基地	87
多摩川線	34
多摩湖	37
多摩湖線	32
多摩ニュータウン線	42
多磨霊園	34
ちちぶ	119
秩父線	22
秩父線延伸構想	44
秩父鉄道	68
秩父フリーきっぷ	178
秩父漫遊きっぷ	178
通勤急行	10
通勤準急	10
堤康次郎	6・58・216

抵抗制御	102・108
凸型車体	134
鉄道友の会	119
電気連結器	103
電磁直通空気ブレーキ	119・120
電動車	120
東京都交通局	215
頭端式ホーム	49
所沢駅	60
所沢航空記念公園	80
所沢車両工場	164
としまえん	24
豊島園駅	24・50・89
特急	10
戸袋窓	105
豊島線	24・50
トンネル	152

な

中井駅	12
中線	12
仲見世通り（西武秩父）	69
中峰信号場	39
中村橋駅	54
西所沢駅	30・89
練馬駅	14・176

は

拝島快速	11
拝島線	26
廃車発生品	139
萩山駅	32
箱根ヶ崎線	37
箱根土地	216
発車メロディ	59・73・77・88
バッテリー機関車	136
発電ブレーキ	112・119・120
羽根沢信号場	29
パノラミックウィンドー	110
バリアフリー	150
飯能駅	62
東伏見アイスアリーナ	196
東村山駅	19
ビクトリーロード	195
ビッグボックス	198
複々線	56
富士見台駅	56
復刻塗装	162

フリー切符	180
プリンスホテル	7・188・190
ブルーリボン賞	98
分割放送機能	111
米軍横田基地の専用線	27
閉そく区間	142
ヘッドマーク	182
防音対策	156
保谷電留線	87
ホームドア	73
補助電源装置	97
本川越駅	21・82・88

ま

松が丘ニュータウン	37
マミーズハンド中村橋	173
マンサード屋根	54
南入曽車両基地	87
むさし	118
武蔵丘車両検修場	86
武蔵境線	34
武蔵野鉄道	6・16・49・213
武蔵横手駅	64
村山線	18
村山貯水池	36
盲腸線	24・36・50

や

ヤギ駅長	64
山口線	38
山手線	70
抑速ブレーキ	112・119・120
横瀬車両基地	87

ら

ルミネエスト新宿	174
列車種別	10
レッドアロー	6・98・118・162
連続立体交差事業	149
連絡運輸	177
ロケーションサービス	168
ロングレール	156

わ

ワンハンドルマスコン	97・115

参考資料

鉄道ファン 各号
交友社

鉄道ジャーナル 各号
鉄道ジャーナル社

鉄道ピクトリアル 各号
電気車研究会

Rail Magazine 各号
ネコ・パブリッシング

鉄道要覧〈平成24年度〉
国土交通省鉄道局監修
電気車研究会　鉄道図書刊行会　2012

私鉄の車両6　西武鉄道
飯島巌、荒川好夫、町田浩一著
保育社　1985

日本の私鉄12　西武鉄道
小林尚智、諸河久著
保育社　1990

**鉄道データファイルDVDコレクション（14）
西武鉄道車両のすべて**
デアゴスティーニ・ジャパン　2004

西武鉄道　昭和の記憶
三好好三、園田正雄著
彩流社　2011

**週刊歴史でめぐる鉄道全路線
大手私鉄 西武鉄道1・2**
朝日新聞出版　2010

西武鉄道まるごと探見　車両・駅・運転・歴史…
広岡友紀著
JTBパブリッシング　2011

日本の私鉄　西武鉄道
広岡友紀著
毎日新聞社　2009

西武の赤い電機
後藤文男著
交友社　2001

**中部ライン　全線・全駅・全配線
第11巻　埼玉南部・東京多摩北部**
川島令三著
講談社　2011

ザ・西武線さんぽ
交通新聞社　2012

西武池袋線歴史散歩
川目竜央、菊地由紀著
鷹書房　1989

西武鉄道完全データDVD BOOK
メディアックス　2011

鉄道未成線を歩く　私鉄編
森口誠之著
JTB　2001

西武鉄道

正式名称は西武鉄道株式会社。東京都と埼玉県に176.6kmの営業路線網を有しており、全国の私鉄の中では4番目の規模を誇っている。創業は前身の武蔵野鉄道が開業した1912（明治45）年。その後、同社は周辺の鉄道会社を合併しながら規模を拡大。1945（昭和20）年には西武鉄道と合併し西武農業鉄道に改称。さらに、1946（昭和21）年には再び西武鉄道に改称している。創業当時から鉄道事業を基軸に据えた沿線開発事業には定評があり、東京都北西部〜埼玉県南西部地域の隆盛の礎を築いた。昭和30年代以降は関連事業の多角化を推進、観光、ホテル、レジャー、スポーツなどに進出していった。2010年度の売上高は1,394億円。

装丁：一瀬錠二（Art of NOISE）
編集協力：株式会社 天夢人（町田てつ　小関秀彦）
執筆：石塚純一、松尾よしたか、草町義和、杉浦誠、松尾諭
本文デザイン：山本図案工房
イラスト：山本正彦
写真提供：西武鉄道、RGG、井上廣和、松尾諭、大野雅人、毎日新聞社、鉄道博物館

西武鉄道のひみつ

2013年2月6日　第1版第1刷発行

編　者──PHP研究所
発行者──小林成彦
発行所──株式会社PHP研究所
　　　　東京本部：〒102-8331　千代田区一番町21
　　　　　　書籍第二部　☎03-3239-6227（編集）
　　　　　　普及一部　　☎03-3239-6233（販売）
　　　　京都本部：〒601-8411　京都市南区西九条北ノ内町11
PHP INTERFACE　http://www.php.co.jp/
印刷・製本所──図書印刷株式会社

©PHP Institute, Inc. 2013 Printed in Japan
落丁・乱丁本の場合は弊社制作管理部（☎03-3239-6226）へご連絡ください。
送料弊社負担にてお取り替えいたします。
ISBN978-4-569-80941-0